존 브라운을 위한 청원

일러두기

- 이 책은 헨리 데이비드 소로우가 쓴 〈존 브라운을 위한 청원(A Plea for Captain John Brown)〉 (1859년), 〈존 브라운 사망 후의 논평(Thoreau' s Remarks After the Death of John Brown〉 (1859년), 〈존 브라운의 마지막 날들(The Last Days of John Brown)〉(1860년)을 우리말로 옮긴 것이다.

- 본문 중 강조 및 구별해야 할 것은 홑따옴표(' ')를, 대화 또는 인용은 겹따옴표(" ")를 사용했으며, 기고문 제목은 홑꺾쇠(〈 〉)를, 도서 및 정기간행물은 겹꺾쇠(《 》)를 사용했다.

- 외래어 표기는 국립국어연구원에서 규정한 외래어표기법을 기준으로 삼았으며, 필요에 따라 널리 알려진 용어를 그대로 사용하기도 했다.

존 브라운을 위한 청원

을 위한 청원

부정의에 대한 저항과 불복종

헨리 데이비드 소로우
지음
서유진 옮김

존 브라운을
위한
청원

1쇄 발행 2024년 4월 22일

지은이 헨리 데이비드 소로우
옮긴이 서유진
펴낸이 조일동
펴낸곳 드레북스

출판등록 제2023-000148호
주소 경기도 파주시 탄현면 헤이리마을길 93-144, 2층 1호
전화 031-944-0554
팩스 031-944-0552
이메일 drebooks@naver.com

인쇄 프린탑
배본 최강물류

ISBN 979-11-986122-2-9 03300

들어가는 글

UN은 노예제 폐지를 기억하고 노예제의 비인간성을 강조하기 위해 매년 12월 2일을 국제 노예제 철폐의 날로 제정해 기념한다. 노예제 폐지의 중요성을 부각하고 21세기에도 존재하는 현대판 노예에 대한 관심을 촉구하는 것을 주요 목표로 하는 이날은 평생 노예 해방 운동을 벌여온 존 브라운(1800~1859)이 사형당한 날이기도 하다.

존 브라운은 미국의 활기와 불안을 함께했다. 1846년부터 1848년까지 일어난 미국과 멕시코의 전쟁이 미국의 승리로 끝나면서 미국은 멕시코의 땅이던 텍사스와 캘리포니아를 전리품으로 얻었다. 이후 빈 땅이던 캘리포니아에서 사금이 발견되면서 골드러시가 일었다. 이를 토대로 캘리포니아와 로스앤젤레스, 샌디에이고, 샌프란시스코 등 미국 서부 및 북부의 도시들은 본격적으로 발전했고, 산업화 사회로 이전하면서 의식도 성숙해져 노예 해방을 외치는 백인들이 등장했다.

이런 북부와 달리 남부의 주요 산업은 면화농업으로 많은 노동력이 필요했고, 노예는 남부 노예주들에게 부의 절대적인 수단이었다. 따라서 그들에게 노예제도는 아무런 죄책감도 없었다. 면화 재배를 위해 대농장을 소유한 농장주들은 노예들을 혹독하게 대했고, 노예는 사람이 아니라 재산이기에 죽어도 아무런 문제가 되지 않았다. 1861년에 발발한 남북전쟁은 미국 북부와 남부 사람들의 의식 차이가 얼마나 극명한지 잘 보여준다.

남북전쟁은 노예 해방 전쟁으로 요약되지만, 미국의 노예 해방에는 수많은 이들의 희생이 있었음을 누구도 부정할 수 없다. 그리고 이 전쟁으로 이어지기까지 흑인 노예들의 자유를 위해 적지 않은 백인들이 헌신했다. 존 브라운 역시 그들 중 한 명으로, 《톰 아저씨의 오두막》을 쓴 스토 부인과 더불어 남북전쟁 전 미국에서 가장 유명했던 노예해방론자이며, 특히 그는 무력으로만 남부의 노예제도를 없앨 수 있다고 믿었다.

"피를 흘리지 않고는 죄를 씻을 수 없다"

1800년 코네티컷주 토링턴에서 태어난 존 브라운은 다섯 살 때 아버지를 따라 오하이오주로 이사했고 아버지와 함께 전통적인 복음주의자로 성장했다. 열여섯 살 때 집을 떠나 목사가 될 생각으로 매사추세츠주에서 공부했으나 중도에 포기한 후 아버지의 일을 도왔다.

그의 아버지는 열렬한 청교도이자 반노예주의자였다. 그의 집은 도망쳐 나온 남부 노예들을 보호하는 비밀결사인 '지하철도'의 중요한 거점으로, 그는 이런 아버지의 영향을 받아 어릴 때부터 철저한 노예 해방론자로 성장했다. 특히 평소에 "피를 흘리지 않고는 죄를 씻을 수가 없다"라는 말을 자주 해오던 그는 1837년 노예제 폐지론자인 일리노이주의 편집인 로브조이가 살해당하자 "내 생명을 노예제도를 폐지하는 데 바치겠다"라고 다짐했다.

존 브라운은 온건한 저항으로는 노예제도를 무너뜨릴 수 없다고 보았다. 뿌리 깊은 노예제를 타파하려면 온건한 방법으로는 절대 안 된다는 것이 그의 신념이었다. 1851년에 그는 도망친 노예들로 구성된 폭력 비밀결사 '미국 길리어드 동맹'을 조직했는데, 탈출한 노예들을 백인 추적자들로부터 보호하는 것이 주요 목적이었다. 이를 위해 단원들은 총으로 무장하고 백인 노예주들과 노예 옹호론자들에게 무장 테러를 감행하기도 했다. 이때 그는 미국을 대표하는 자연주의 작가 소로우와 교분을 나눈 것으로 알려졌다.

당시 노예제도를 옹호하지만 평화적인 저항을 고수한 다른 노예제 폐지론자들과 달리 존 브라운은 평화적인 저항은 효과가 없으며, 억압적인 노예제도를 말살하는 길은 오로지 폭력 혁명밖에 없다고 판단했다. 더구나 그는 누구보다 종교적 신념이 강해, 자신을 노예를 소유하는 죄를 범한 자들에 대한 신의 분노를 대행하는 도구라고 믿었다.

그들이 이 땅에 흘린 피를 위하여

존 브라운이 미국 사회에서 주목받은 것은 소수의 자원자를 이끌고 노예 해방을 위한 유혈 폭동을 일으키면서부터였다. 30대부터 노예 폐지 운동에 가담하면서도 평소에 평화주의 노예 폐지 운동에 불만이 많았던 그는 "우리에게 필요한 것은 행동"이라고 주장했다.

1856년에 다섯 아들과 함께 노예 반대자들을 학살한 캔자스의 노예 찬성자들을 살해한 그는 1859년 10월 16일 노예해방 운동을 남부 지역으로 확산하기 위해 자신이 훈련시킨 흑인 5명을 포함한 22명을 이끌고 버지니아주 하퍼스 페리의 연방 무기고를 급습했다. 이곳에서 장창과 소총 무기를 탈취해 노예들을 무장시켜, 남쪽으로 진군하면서 남부의 경제적 기반을 와해시키고, 남부의 모든 노예들과 함께 노예제도를 무너뜨리려 했다.

하지만 하퍼스 페리 습격은 집단 노예 봉기를 일으키지 못했다. 그의 부대는 연방군과 비교하면 수적으로 너무나 밀렸고 그에게 합세한 노예들은 소수에 불과했다. 무기고를 점령했지만, 지역 민병대와 연방군에 포위되어 전투 중 두 아들을 포함해 10명이 잃었고 그조차 다쳐 연방군에 포로로 잡히면서 봉기는 36시간 만에 실패로 돌아가고 말았다.

이 봉기는 시작 전부터 무모했고, 존 브라운 자신도 이를 잘 알고 있었다. 너무 이상적인 나머지 현실을 외면한 계획이었다. 노예제도 철폐를 위한 그간의 비폭력 운동의 한계를 느낀 지지자들은 그와 그의 부대를 도와주었으나 그의 무력 봉기에 거부감을 느꼈고, 흑인 노예들의 자발적인 도움도 쉽지 않았다. 하지만 노예제도 폐지라는 대의를 위해 누군가는 희생해야 하고, 그는 그 사람이 바로 자신이라고 확신했다.

과격한 노예 폐지론자 존 브라운이 포로로 잡혔다는 소식은 순식간에 미국 전역의 이목을 집중시켰다. 당시 새로 발명된 전신의 신속한 뉴스 전파 능력으로 그는 미국인들을 한데 모으기에 충분했다. 남부 지역 사람들은 이 사건이 브라운과 그의 추종자들의 반란을 넘어 노예제도를 무력화하려는 북부의 의사를 반영한 것이라고 주장했다. 남부는 또 다른 존 브라운을 막기 위해 강력한 민병대를 조직했다. 이에 대해 북부의 정치지도자들은 역풍이 불까 두려워 그와의 연관성을 일축하고 남부의 노예제도에 간섭하지 않겠다는 뜻을 고수했다. 신문들 역시 이 사건을 '봉기'나 '습격'이 아니라 '반란', '반역'이라고 표현했다.

존 브라운은 살인과 반란 공모, 반역죄 등으로 사형을 선고받아 연방정부의 승인하에 그해 12월 2일에 교수당했다. 체포된 후 탈출 기회가 있었으나 그는 감옥을 떠나지 않았고, 순교자가 되겠다며 자신을 위해 목숨을 건 추종자를 돌려보냈다.

상처를 입은 채 법정에 선 그는 최후 진술에서 "정의를 위해 나와 내 자식들, 그리고 학대받는 이 땅의 수백만 노예들이 흘린 피가 함께 섞여야 한다면 그렇게 되기를 원한다"라고 말했다.

그리고 그는 이렇게 덧붙였다.

"이 죄 많은 땅의 범죄행위는 피가 아니고는 어떤 것으로도 씻을 수가 없다."

‘12월 2일’은 그날에 머물지 않는다

존 브라운에 대한 평가는 당시는 물론 지금도 첨예하다. ‘노예 해방의 불씨’를 지핀 영웅이라는 평가와 에이브러햄 링컨조차 그를 "미치광이"라고 불렀을 만큼 극단주의자라는 상반된 평가를 오간다. 노예 해방이라는 그의 대의는 더없이 숭고한 것이지만, 그의 행동은 과격했다. 많은 이들이 그의 눈에서 번뜩이는 광기를 보았다고 했고, 그의 가문에 정신병자들이 많다는 주장도 있었다.

하지만 존 브라운은 타락한 세상에 누구보다 절망했고, 누구보다 핍박받는 이들과 함께 아파하고 그들이 핍박으로부터 자유롭기를 갈망했다. 그는 그 꿈을 자신이 직접 나서서 실현하고자 했다. 노예제 철폐를 위한 그의 ‘극단적인 모험’은 미국 남부와 북부 사이의 뿌리 깊은 골을 수면 위로 드러냈으며, 미국은 물론 전 세계에 노예 해방의 불씨를 지폈고, 그의 꿈은 1년여 뒤 벌어진 남북전쟁을 거치며 실현되었다.

빅토르 위고는 "그의 처형은 조지 워싱턴이 스파르타쿠스를 죽이는 것과 같다"라고 빗대며 혁명으로 선 나라인 미국이 또 하나의 혁명가를 죽여서는 안 된다고 강조했고, 당시 그를 지지했던 헨리 데이비드 소로우는 그를 ‘옳지 못한 세상의 법에 항거해야 하는 명령’을 따른 살아 있는 양심으로 지칭했다.

소로우는 외진 호숫가에서 오두막집을 직접 짓고 홀로 산 경험을 엮은 《월든》으로 유명하다. 하지만 자급자족과 안빈낙도의 삶을 실천한 소로우는 불의 앞에서 주저하지 않은 인물로, 이런 면모와 문제의식은 노예 해방과 부당한 정부에 대한 합법적인 개인의 저항을 주장한 《시민 불복종》, 그리고 《존 브라운을 위한 청원》에서 쉽게 읽을 수 있다.

　소로우는 존 브라운의 대의명분을 옹호했고, 여러 차례 그의 구명 운동을 펼치기도 했다. 존 브라운을 위해 의회에 탄원서를 제출하는 등 노예제 폐지 운동에 헌신한 소로우는 우리에게 정의를 위한 실천을 촉구한다. 소로우에 따르면 정의를 실천하는 것은 세상을 변화시키는 힘이다. 잘못된 것을 잘못되었다고 말하는 것, 그것을 다른 누군가가 바로잡아 주리라 기대해 미루지 않고 스스로 나서는 것, 그것이 소로우가 말한 '한 사람으로서의 다수'가 아닐까. 그리고 그것이 소로우가 존 브라운을 적극 옹호하고 그를 위해 이 책을 쓴 의미일 것이다.

　노예제도는 지나간 역사가 되었으나 여전히 우리 안에 있다. 소로우는 《존 브라운을 위한 청원》을 통해 우리 안에 숨어 있는 노예근성을 깨닫게 하고, 우리를 가두고 있는 보이지 않는 노예제에서 벗어나라고 단호하게 말한다.

CONTENTS

존 브라운을
위한
청원

존 브라운을 위한 청원

내가 앞으로 할 말들에 미리 용서를 구합니다. 나는 내 생각을 여러분에게 강요할 마음이 전혀 없습니다. 하지만 나로서는 이렇게밖에 할 수 없습니다. 나는 존 브라운에 대해 아는 바가 별로 없지만, 그의 성격과 행동을 존중하며, 신문 및 사람들의 논조와 진술을 바로잡기 위해 최선을 다하겠습니다. 정의로운 마음가짐을 품고 그것을 행동으로 옮기는 데는 어떤 비용도 들지 않습니다. 여러분은 존 브라운과 그의 동료들을 위해 공감하고 경의를 표하는 것만으로도 충분합니다. 이것이 내가 여러분에게 바라는 바입니다.

우선 그의 삶의 궤적 또는 걸어온 길을 말씀드리겠습니다. 여러분이 그에 대해 알고 있다는 것을 고려해 가능한 한 간략

하퍼스 페리 습격을 다룬 신문 기사(1859년 11월 5일자)

하게 말씀드리겠습니다. 이미 여러분 대부분이 그의 인격이 훌륭하다는 사실을 알고 있으며 오랫동안 잊히지 않을 것을 알고 있으므로 그가 어떤 사람인지 언급할 필요는 없을 것입니다.

그의 조부는 미국 독립전쟁 당시 장교였습니다. 그는 19세기 초 코네티컷에서 태어났으며 어렸을 때 부친과 함께 오하이오에 갔습니다. 나는 그가 부친에 대해 몇 마디 말한 것을 들었습니다. 그의 아버지는 그곳에 주둔하던 군대에 소고기를 공급해주는 일을 했다고 합니다. 때는 1812년 전쟁 중이었고, 그는 주둔지에서 아버지의 일을 도왔습니다.

그는 장교들의 모임에도 자주 참석했는데, 덕분에 현직 군인보다 군대 생활을 더 많이 관찰할 수 있었습니다. 특히 현장에서 군대가 어떻게 유지되며 보급품이 어떻게 공급되는지 직접 경험하며 배웠습니다. 그가 관찰한 바에 따르면 보급은 전시 상황에서 군대를 이끄는 것만큼이나 숙련된 기술과 경험이 필요한 작업이었습니다. 하지만 당시 군인 한 명마다 돈이 얼마나 드는지, 전장에서 한 부대를 운영하기 위해 비용을 얼마나 필요한지 금전적으로 알고 있는 사람은 별로 없었습니다. 그는 전쟁에서 단 한 발의 총알을 쏘는 데 드는 비용조차 모르는 사람이 태반이었다고 말했습니다.

어쨌든 그는 군대에 보급품을 공급하면서 신물이 날 정도로 군대 생활을 충분히 보고 경험했습니다. 하지만 군대는 그에게 혐오감만 주었을 뿐입니다. 열여덟 살 때 군대의 하급 장교 자리를 제안받아 잠시 고민하기도 했지만 이내 거절했고, 이 때문에 경고를 받고도 훈련을 거부해 벌금까지 물었습니다. 이때 그는 자유를 위한 전쟁이 아니라면 어떤 전쟁에도 발을 들이지 않겠다고 결심했습니다.

노예제도 존폐를 주민투표에 맡긴다는 법이 제정되고 이 일로 캔자스에서 유혈사태가 벌어졌을 때, 그는 노예제도 폐지를 주장하는 주의 주민들에게 힘을 실어주기 위해 아들들을 무기로 무장시켜 그곳에 보냈습니다. 사태가 더 커져 도움이 필요하다면 기꺼이 뒤따라가 돕겠다는 말을 덧붙였습니다. 여러분 모두가 알다시피 그는 정말 그렇게 했습니다. 캔자스가 노예제도를 폐지해 마침내 노예들이 자유를 얻은 것은 그 어떤 기관보다 그의 역할이 컸습니다.

그는 한동안 측량사로 일했으며, 양모 재배업에도 종사했고, 그 사업의 대표로 유럽을 방문하기도 했습니다. 그는 어디서나 그랬던 것처럼 그곳에서도 자신만의 관점으로 주위를 주의 깊게 살펴보고 새로운 것들을 찾아냈습니다. 그는 영국의 토양은 비옥한 데 비해 독일의 토양은 왜 척박한지 알아냈고, 이를 해당 기관의 고위층들에게 직접 편지를 써서 알려주려 했다고 말했습니다. 그에 따르면 영국과 독일의 토양이 다른 것은 영국 농민들은 경작하는 농토에서 거주하고 독일 농민들은 밤이면 다른 마을의 자기 집으로 돌아갔기 때문이었습니다. 그가 이와 관련해 쓴 책이 없다는 점이 몹시 유감입니다.

그를 설명할 때 그가 헌법을 존중하고 연방의 영속성을 믿는다는 점에서 구시대적인 사람이었다는 점 역시 빼놓을 수 없습니다. 하지만 노예제도에 있어서 그는 철저하고 완고한 반대파였습니다.

그는 뉴잉글랜드에서 농부의 아들로 태어났습니다. 농부들은 대개 신중하고 현실적인데, 그는 그보다 열 배는 더 그랬습니다. 그는 콩코드 브릿지, 렉싱턴 커먼, 벙커 힐에 서 있던 이들 중에서도 가장 최정상에 있는 사람 중 한 명이었으며, 누구보다 단호하고 훨씬 고결했습니다. 그에게 영향을 끼친 것은 노예 폐지론자들이 아니었습니다.

미국 독립전쟁 당시 전쟁 영웅인 이선 앨런과 스타크는 조국의 적과 용감하게 맞서 싸웠지만, 그는 조국이 잘못된 길로 가고 있을 때 조국과 맞서는 용기를 보여주었습니다. 이것이 그가 다른 이들과 비교되는 점입니다. 서구의 어떤 작가는 빛나는 명예와 권리의 이름 아래 도시의 옷을 입고 나서는 영웅들과 달리 그는 드넓은 초원과 허름한 농가라는 배경에 숨겨져 있었다고 말합니다.

그는 하버드대학에 다니지 않았습니다. 그는 교수가 말하는 것을 그대로 외우거나 책에 적힌 것을 곧이곧대로 받아들이는 사람이 아니었습니다. 그가 말했습니다.

"송아지의 복수형이 송아지들이라는 것만 알 뿐 그 이상의 문법은 모릅니다."

하지만 그는 하버드대학 교수들보다 성숙하고, 서부의 광활한 명문대인 농촌 지역에서 자유를 공부했습니다. 그는 어리석음을 뛰어넘고 많은 학위를 땄습니다. 그곳에서 그는 사람과 세상을 깨우쳤으며, 그에게 중요한 것은 문법이 아니라 그만의 인문학이었습니다. 그는 그리스어를 전혀 하지 못했고 지적이지 못했지만, 캔자스에서 그는 '됨됨이가 훌륭한 사람'으로 인정받았습니다.

여러분은 청교도에 대해 많이 들었을 테지만, 여러분 중 대부분은 청교도 신자를 보지 못했을 것입니다. 그렇습니다. 그는 청교도 신자입니다. 그런 그를 죽음으로 내모는 것은 헛된 일이 될 것입니다. 그는 크롬웰 시대의 끝자락에서 죽었고 여기 다시 나타났습니다.

영국에서 온 청교도들 가운데 일부는 뉴잉글랜드에 정착했습니다. 그들은 일반적인 사람들과는 다른 방식으로 조상을 기립니다. 그들은 말린 옥수수를 구워 먹으며 조상을 기리는 평범한 사람들이었을 뿐 민주당원도 공화당원도 아닙니다. 그들은 소박한 삶을 누리며 신앙심이 깊고 솔직한 사람들로, 신을 두려워하지 않는 권력자들을 대단하게 여기지 않고, 타협하지도 않으며, 지도자로 생각하지도 않습니다.

이제 내가 하려는 이야기는 최근에 어떤 사람이 썼을 뿐만 아니라 나 역시 직접 들은 바 있습니다.

"그는 그의 진영에서 어떤 욕설도 용납하지 않았다. 전쟁포로가 아닌 한 도덕적 관념이 해이한 사람은 그의 진영에 머물

수 없었다. '나는 원칙을 지키지 사람보다 차라리 천연두, 황열병, 콜레라 환자들과 함께 있는 편이 낫다. 약자를 괴롭히는 이들을 최고의 전사나 남부 지역 사람들과 맞서 싸우기에 적합하다고 생각해서는 안 되며, 그런 사람을 만들어서도 안 된다. 내게 필요한 사람은 도덕적 원칙에 충실하며, 신을 두려워하는 사람, 자신을 존중하는 사람이다. 그런 사람이 내 곁에 열 명만 있다면 남부 병사 수백 명과도 너끈히 맞설 수 있다' 라고 그는 말했다."

그리고 이렇게 덧붙였습니다.

"그는 어떤 사람이 같이 싸우겠다며 본인이 무엇을 잘하고 무엇을 할지 말하더라도 그 사람이 적이 시야에 보일 때만 자기 할 일을 찾는다면, 그런 사람은 마음속에 굳은 결의와 확신이 없다고 말했다."

완벽한 믿음을 가진 그의 아들 둘과 십여 명의 군사를 제외하고 그의 가치와 부합하는 신병들을 찾을 수 없었습니다. 몇 년 전 그가 이곳 매사추세츠주 콩코드에 있을 때, 그는 내게 작은 책자를 하나 보여주었습니다. 내 기억으로는 그가 그 책자를 지침서라고 부른 것으로 기억합니다. 그 지침서에는 캔자스에 있는 그의 부대원들의 이름과 그들이 지켜야 할 규칙

1846년, 스프링필드에서 무장 지하철도 운동의 깃발을 든 존 브라운

이 적혀 있었습니다. 그는 그들 중 몇 명이 이미 혈서로 서약을 했다고 말했습니다.

누군가 사제 한 명만 더 있으면 크롬웰 군대가 될 것이라고 말하자, 그는 사제 역할을 충실히 할 사람만 있다면 흔쾌히 동의하겠다고 말했습니다. 사실 미국 군대에 걸맞은 사제 한 명을 찾기는 아주 쉬운 일입니다. 그는 결국 사제를 데려오지 않았지만, 아침저녁으로 영내에서 기도했습니다.

그는 스파르타식으로 생활했으며 예순 살에도 식단을 철저하게 지켰는데, 훈련된 군인조차 쉽지 않은 일을 끌어나가는 삶에 자신을 맞추려는 듯 적게 먹고 열심히 살아야 한다고 말했습니다.

그는 상식을 지켰으며 단순명료하게 말하고 행동하는 보기 드문 사람이었습니다. 무엇보다 그는 사상과 원칙을 가진 초월주의자였으며, 이것이 그를 남과 구별 짓는 요소였습니다. 그는 변덕스럽지 않았고, 일시적인 충동에 굴복하지 않았으며, 삶의 목적을 충실히 수행했습니다. 그는 말할 때 그 어떤 과장도 없이 진솔하게 말했습니다. 특별히 내게 기억에 남는 연설이 하나 있는데, 그는 연설 중 억눌린 분노를 조금도 드러내지 않고 캔자스에서 그의 가족이 겪은 일을 언급했습니다. 그는 분화구가 있는 평범한 화산처럼 보였습니다.

그는 일부 국경 강도들의 만행에 대해 노련한 군인처럼 말했는데, 그 말속에는 그의 진심과 결의가 담겨 있었습니다. 그는 간결하게 이어 나갔습니다.

"그들을 교수형에 처해야만 합니다."

그는 전문 웅변가가 아니었고, 어디에서도 인기를 끌거나 환심을 사기 위한 말을 하지 않았으며, 자신의 진심과 결의를 전달하는 것 외에 아무것도 꾸며내지 않았습니다. 이 때문에 그는 누구와도 비교할 수 없을 만큼 강인해 보였으며, 의회와 대중 공연장의 웅변가들은 그에 비하면 너무나 하찮게 보였습니다. 그의 연설은 거룩한 왕의 연설과 비교해도 손색없었습니다.

그의 신중함과 재치를 과장 없이 말해보겠습니다. 자유주, 즉 노예제도를 폐지한 주의 사람이 캔자스로 향하는 여정에 오를 때 지름길로 무기를 빼앗기지 않고 온전히 도착하기란 불가능합니다. 하지만 그는 당시 총 구실을 겨우 할까 말까 하는 총조차 겨우 구해, 이 부실한 무기와 함께 천천히 소달

1859년, 말년의 존 브라운

구지를 몰아 미주리를 통과했습니다. 그는 측량사 자격으로 측량 나침반을 든 채 아무런 의심을 받지 않고 통과했고, 덕분에 적의 계획을 엿볼 충분한 기회를 가질 수 있었습니다. 도착한 뒤에도 그는 얼마간 측량사로 활동했습니다.

예를 들어 평원지대에서 한 무리의 적이 모여 신경을 곤두세운 채 중요한 문제를 논의하고 있는 것이 보이면, 그는 아들을 데리고 나침반을 들고서 그들이 모인 지점을 통과하는 길을 따라갔습니다. 그리고 어느새 그 무리에 근접하면 자연스럽게 멈추고는 그들과 대화를 나누었습니다. 그는 그들과 이야기하며 모든 계획을 완벽하게 알아냈습니다. 그렇게 그들의 작전 계획을 알아낸 뒤 가상의 선을 따라 측량하고 그들의 시야에서 벗어날 때까지 그 선이 알려준 길로 부지런히 걸었습니다.

당시 내가 그에게 많은 현상금이 걸려 있고 당국을 비롯해 많은 이들이 그를 적대시하는 상황에 어떻게 캔자스에서 살아남았느냐고 놀라워하자 그가 단순명료하게 말했습니다.

"나는 잡히지 않을 것을 확신했습니다."

몇 년 동안 늪지대에 숨어 가난과 질병에 시달리는 동안 그의 곁에는 인디언과 소수의 백인 몇 명뿐이었습니다. 어느 늪지에 그가 숨어 있다고 알려지더라도 그의 적들은 그를 잡으려 하지 않았습니다. 심지어 자유주 사람들보다 국경 도적이 더 많은 시내로 나와 누구에게도 방해받지 않고 거래를 했습니다.

그가 말했습니다.

"작은 무리는 대의가 굳건하지만 싸우려 하지 않고, 큰 무리는 수적으로 우월하지만 하나로 뭉칠 대의가 없습니다."

우리로서는 그가 최근에 실패한 일을 정확히 알기는 어렵습니다. 하지만 그것은 거칠고 무모한 시도는 아니었습니다. 그의 적이자 그를 심문한 위원회의 일원인 밸런디검 씨는 이렇게 말할 수밖에 없었습니다.

"실패했지만 이제껏 가장 잘 계획되었고 잘 진행된 작전이었습니다."

십여 명을 노예 상태에서 구출해 밝디밝은 대낮에 데리고 느긋한 여유를 즐기고 몇 주에 걸쳐 미국의 여러 주를 차례로 통과했습니다. 그 길이는 북부의 절반에 이르렀습니다. 그동안 그는 몸을 숨기지 않았으며 덕분에 민주당원과 공화당원 모두 그의 행보를 지켜볼 수 있었습니다. 심지어 그에게 현상

금이 걸려 있었지만 도중에 법정에 들러 자신이 어떤 일을 해왔는지 말했으며, 미주리에서 노예를 두는 것이 아무런 이득이 되지 않는다고 공공연하게 설득했습니다.

그는 아무런 죄도 짓지 않은 사람처럼 대중 앞에 섰고 당당하게 말하고 행동했습니다. 이것은 정부의 관리들이 관대해서가 아니라 그들이 그를 두려워했기 때문입니다.

하지만 그는 이런 성공을 운이나 특별한 마법 때문이라고 말하지 않았습니다. 한 탈주자가 말하듯이 수적으로 우월한 장병들이 그 앞에서 겁에 질린 것은 대의가 부족했기 때문입니다. 죽음의 순간이 눈앞에 다가왔을 때, 잘못된 것을 막기 위해 기꺼이 목숨을 바칠 사람은 없습니다. 목숨의 끝자락에서 어리석은 행동으로 마지막을 장식하려는 사람이 어디 있겠습니까. 하지만 그는 마지막 계획을 서둘렀고, 남들과 다른 길을 열었습니다.

기자들은 그와 그의 가족과 부하들을 옹호하는 사람이 북부의 한 마을에 적어도 두세 명은 있다는 사실을 무시하거나 정말 모르는 듯합니다. 두세 명이 중요한 일원일 뿐만 아니라 그 숫자는 더 늘어나고 있습니다.

우리는 역사책과 성경을 읽는 척하면서 어리석고 소심한 수다쟁이보다 나은 사람이 되려 합니다. 하지만 실제로 우리는 숨 쉬는 일상과 집을 더럽히고 있을 뿐입니다. 불안한 정치인들은 열일곱 명의 백인과 다섯 명의 흑인만 최근의 사태에 관심을 가진다고 주장할 테지만, 이를 애써 증명하려는 그들의 불안이 아직 모든 것이 알려지지 않았음을 스스로 보여줍니다. 왜 그들은 진실을 외면할까요? 그들은 진실을 제대로 인식하지 못하기 때문에 몹시 불안해합니다. 진실이 승리해 미국의 자유주 시민 백만 명 이상이 기뻐하는 것을 두려워합니다. 그들은 기껏해야 전술을 비판할 뿐입니다.

우리는 비록 상복을 입지는 않았을 뿐 그의 지위와 운명에 대한 소식은 여기 북부의 많은 이들의 믿음을 무너뜨립니다. 만약 그를 보고도 정상적으로 생활할 수 있는 사람이 있다면 그 사람은 도대체 어떤 부류일까요? 자신의 몸이나 재정에 문제가 생기지 않는 한 무슨 일이 일어나더라도 아무 일 아닌 듯 먹고 잠들 사람일 것입니다. 나는 베개 밑에 종이와 펜을 넣어두고, 잠들 수 없을 때 어둠 속에서 글을 씁니다.

백만 명을 능가하는 한 사람을 제외하면, 동포 시민들에 대한 나의 존경심은 요즘 들어 제자리걸음입니다. 사람들과 기자들은 이 사건을 몹시 차갑게 바라봅니다. 악당들이 으레 그렇듯 특이한 용기 중 하나일 뿐이라고 말합니다. 버지니아 주지사는 전쟁터의 용어를 써서 말했습니다.

"내가 여태 봐온 이들 중에서 가장 용감한 사람이 잡혔고, 교수형에 처할 예정이다."

주지사는 그를 매우 용감하다고 생각했습니다. 하지만 그의 용감한 모습은 적들에 대한 복수심에서 나온 것이 아닙니다. 이웃의 말을 듣거나 전해 들으면 처음에는 애틋하고 나중에는 분노가 치밀 것입니다. 그가 죽었다는 소식을 들었을 때, 마을 사람들 가운데 한 명이 "바보 같은 짓을 해서 죽었다"라고 말했습니다. '바보 같은 짓'이라는 말을 꺼낸 나를 부디 용서해주길 바랍니다. 나는 잠깐이나마 '바보 같은 짓'으로 죽어가는 그에게서 바보처럼 살아가는 내 이웃이 떠올랐습니다.

또 다른 비겁한 이들은 이렇게 힐난했습니다.

"그는 목숨을 헛되이 버렸다."

이 말은 그가 정부에 저항했다는 이유 때문일 것입니다. 그러는 본인은 자신의 삶을 어딘가에 몸 바치거나 희생한 적이 있습니까? 대답해보세요. 도둑 무리를 처단하거나 죽인 사람을 칭찬해야 한다면, 도둑질과 살인을 일삼은 정부에 대항해 싸운 그를 비난해야 합니까, 아니면 그를 처단한 정부를 받들어야 합니까?

나는 어떤 사람이 상당히 미국적인 발상으로 이렇게 묻는 것을 들었습니다.

"대체 그렇게까지 해서 그가 얻는 게 뭐야?"

그 일을 행함으로써 그가 제 주머니라도 채우기를 기대하는 것처럼 말입니다. 그런 사람들은 세속적인 이득 외에는 생각하지 않고 생각조차 하지 못합니다. 그런 일이 깜짝 선물로 이어지거나 새 구두 한 켤레, 아니면 찬사를 받지 못한다면 어떤 일을 하든 그 사람에게는 실패와 다름없을 것입니다.

"그는 그 일로 아무것도 얻지 못할 거요!"

정말 그럴까요? 나는 그렇게 생각하지 않습니다. 그가 푼돈을 얻자고 교수형을 무릅쓴 것은 아닐 것입니다. 대신 그는 우리가 외면하거나 함부로 하지 못하는 영혼의 중요한 부분을 우리에게 보여주었고, 그것을 구할 기회를 안겨주었습니다. 그는 우리에게 아름다운 영혼이 무엇인지 알려줍니다.

1859년, 존 브라운의 근거지를 포위 공격하는 연방군.

누군가에게는 시장에서 사 온 우유 한 통이 피 한 통보다 더 많은 가치를 지닐 것입니다. 하지만 영웅들, 특히 우리 삶을 더 자유롭고 풍요롭게 하는 영웅들이 피를 흘리는 곳은 그런 시장이 아닙니다.

그런 사람들은 씨앗이 곧 열매라는 사실을 모릅니다. 도덕적 세계에서는 좋은 씨앗을 심으면 필연적으로 좋은 열매가 열립니다. 딱히 물을 주거나 경작하는 방식에 구애받지 않습니다. 여러분이 영웅이 될 만한 씨앗을 심고 밭에 묻기만 한다면 반드시 솟아나게 마련입니다. 이런 힘과 생명력을 가지고 있는 씨앗은 발아를 위해 우리의 허락 따위는 필요하지 않습니다.

전쟁 중에 무모한 명령에도 맹목적으로 복종하며 돌격만 하는 군인은 얼마나 완벽한 기계인가요? 그들은 국가적이며 문학적 영웅으로 충분히 찬사를 받았습니다. 하지만 계획 대부분을 성공한 그는 몇 년간 노예제도 폐지를 위해 맞섰으며 무한히 더 높은 명령에 복종했습니다. 따라서 그는 맹목적으로 전장에 나선 군인들보다 훨씬 오래 기억될 것입니다. 아니 그들의 찬사가 무너진 뒤에도 그는 여전히 빛날 것입니다. 지혜롭고 양심적인 그가 기계보다 훨씬 더 우월한 것은 너무도

당연합니다. 여러분은 그의 업적이 알려지지 않으리라 생각
합니까?

"그러니까 혼 좀 나야 해."
"위험한 사람일 뿐이야."
"그가 미쳤다는 건 의심할 여지가 없어."

이렇게 욕하는 이들은 현명하고 존경할 만한 깨어 있는 삶
을 살기 위해 《플루타르크 영웅전》을 읽고, 미국 독립전쟁
당시 벙커힐 전투에서 큰 공을 세우며 용기와 투지의 신화가
된 이스라엘 퍼트넘처럼 용감하고 애국적인 행동을 꿈꿀 것
입니다.

여러분은 트랙트 소사이어티 출판사가 펴낸 퍼트넘의 이야
기를 읽으면서 어린 시절을 보냈을 것입니다. 그 안에는 노예
제도나 교회를 다룬 내용이 전혀 없고, 어느 학교 도서관에서
든 열람할 수 있습니다. 물론 몇몇 독자는 목사들이 양의 탈
을 쓴 늑대라고 항의할 수 있습니다. 어쩌면 미국 해외 선교
위원회는 늑대라는 표현에 항의할지도 모르지만, 나로서는
이런 허접스러운 위원회를 들어본 적이 없습니다. 그런데도
미국 북부의 성인 남자와 여자뿐만 아니라 아이들까지 가족

단위로 이런 단체에 가입하기 위해 종신회원권을 산다는 이야기가 여기저기에서 들립니다. 무덤 속에서도 사용할 수 있는 종신회원권이라니! 여러분이라면 그 회원권보다 훨씬 더 저렴하게 묻힐 수 있습니다.

우리의 적은 우리 안에 있으며 우리를 둘러싸고 있습니다. 우리의 안락한 집은 스스로 분열되어 거의 무너지고 있습니다. 머리와 마음이 메말라가는 것이야말로 우리의 크나큰 적입니다. 인간으로서의 생명력은 부족해졌으며, 이것은 우리의 부덕한 행동 때문입니다. 이에 따라 모든 두려움, 미신, 편협함, 박해 및 노예제도가 생겨났습니다. 우리는 심장이 있을 자리에 간이 있는 몸뚱이일 뿐입니다.

우리는 우상을 숭배하는 저주에 걸렸고, 이는 결국 숭배자 자신 역시 자신을 돌로 만들어버렸습니다. 뉴잉글랜드 사람들은 힌두교도 못지않은 우상 숭배자입니다. 하지만 존 브라운은 예외입니다. 그는 그와 하느님 사이에 어떤 정치적 우상도 만들지 않았습니다.

교회가 존재하는 한 예수 그리스도를 쫓아내는 일은 절대 일어나지 않을 것입니다. 그러므로 한 걸음 나가십시오. 그리고 새로운 교회를 만드십시오. 여러분 자신을 구원하고, 더는 썩은 냄새를 맡지 않도록 소금을 만드십시오.

새로운 기독교인은 잠들기 전에 기도를 드리는 데 동의한 사람으로, 의식이 끝나면 바로 잠자리에 들고 조용히 잠을 청합니다. 그들의 모든 기도는 이렇게 시작합니다.

"이제 잠들 시간입니다."

그리고 그들은 영원한 안식으로 들어갈 시간을 고대합니다. 그들은 오래된 자선단체에서 활동할 것을 어느 정도 동의하지만 새로운 자선단체 이야기는 들으려 하지 않습니다. 그들은 계약서에 요즘 시대에 맞는 보충 조항을 추가로 넣는 것도 원하지 않습니다. 그들은 안식일 동안에만 눈의 흰자위를 보여줄 뿐 나머지 주중에는 모든 일을 모른 체합니다. 악함이란 단순한 피의 정체가 아니라 정신의 정체를 의미합니다.

많은 이들이 선한 기질을 타고났다는 것은 의심할 여지가 없습니다. 하지만 제도와 관습에 얽매여 보다 높은 동기와 목표를 품은 사람을 받아들이지 못합니다. 그들은 자신이 존 브라운처럼 할 수 없다고 섣불리 결론을 내리고, 그가 미친 사람이라고 낙인을 찍습니다.

우리는 다른 시간과 인종이 사는 외국을 꿈꾸면서도 그것을 역사적으로 또는 공간적으로 거리를 둡니다. 우리 안에 일어나고 있는 일처럼 그곳에서도 큰 사건이 일어나지만, 우리는 외국에서 일어나는 일을 낯설어하거나 가십거리로 삼습니다. 오스트리아, 중국, 남태평양제도에서 어떤 일이 일어나더라도 우리의 혼잡한 사회는 그곳과 간격을 둔 채 갑자기 깨끗하고 보기 좋은, 잘 정돈된 도시일 뿐입니다.

우리는 왜 과거에 입에 발린 소리와 겉치레를 넘어서지 못했는지 깨닫습니다. 우리는 우리와 우리의 이웃 간에 타타르 유목민들과 중국 정착 마을 사이만큼이나 큰 틈이 있음을 깨닫습니다. 이를 가장 먼저 알아챈 사람은 시장 한복판에 있어도 누구와도 어울리지 못하는 은둔자가 되었습니다.

건널 수 없는 바다가 광활한 초원이 됩니다. 개인과 국가 사이의 진실과 넘을 수 없는 경계를 만드는 것은 강과 산이 아니라 관습과 지성, 신앙의 차이입니다. 같은 생각을 지닌 사람들만이 우리의 법정에서 전권을 행사할 수 있습니다.

나는 이번 사건이 발생한 후 일주일 동안 신문이란 신문은 모두 구해 읽었으나 이들을 다룬 동정 기사는 단 한 줄도 찾을 수 없었습니다. 이후 나는 보스턴의 한 신문 귀퉁이에서 그의 고귀한 성명을 발견했습니다. 면수가 많은 신문조차 그의 발언 전문이 아닌 일부만 실었습니다. 그것은 출판사가 신약성서 출판을 거부하고 즉각적인 노예제도 폐지를 주장한 윌슨의 마지막 연설만 인쇄한 것처럼 보였습니다. 이 중대한 소식조차 그 신문은 흔하게 열리는 정치집회 관련 보도로 채웠습니다. 이것을 보면 그 신문에 닥친 내림세는 몹시 가파를 것입니다. 추가로 인쇄해야 하는 한이 있더라도 양측의 발언을 전언 그대로 함께 실어야 옳았습니다.

진지하게 외치는 사람들의 목소리를 정치인들의 꽥꽥거리는 소리와 같은 면에 다루다니요! 썩고 부패한 입과 머리로 진실과 정직함을 내뱉는 이들의 위대한 웅변과 논쟁은 허튼소리일 뿐입니다. 아니 허브버브라고 부르는 인디언 토착민들의 밥그릇 게임으로 보는 것이 더 가깝겠습니다. 종교와 정치적 집회에 관한 보고가 아니라 살아 있는 이들의 발언을 보도하십시오!

나는 저들이 생략한 것이나 삽입한 문구에 크게 반대하지 않습니다. 노예제도에 반대하는 신문들은 이번 사건을 이렇게 불렀습니다.

"거칠고, 난폭하며, 잘못되었으며, 명백하게 미친 짓이다!"

구독자의 수가 줄어드는 것을 개의치 않고 어떤 기사든 실을 신문사와 잡지사는 없을 것입니다. 그들은 그것이 편향되거나 편의적인 방법이라고 생각하지 않습니다. 그러니 그들이 어떻게 진실을 보도할 수 있겠습니까. 그들은 낯 뜨거운 소식을 전하지 않으면 아무도 우리 신문에 관심을 기울이지 않을 것이라고 주장합니다. 그래서 그들은 관심을 끌어모을 만한 이들, 가령 외설적인 노래를 부르는 떠돌이 행상처럼 행동하려 합니다.

아침 신문을 준비하는 공화당 담당 기자들은 모든 것을 정치적인 관점으로 보는 데 익숙해져 감탄이나 슬픔을 진정으로 표현하지 않습니다. 그런 그들조차 이들을 '망상에 빠진 미치광이', '오판한 사람들', '미친 사람들', '정신 나간 이들'이라고 불렀습니다. 적어도 버터를 빵의 어느 면에 발라 먹어야 하는지 알고 있는 기자들이 있다는 것은 다행입니다. 그들은 '착각하고 있는 자들'에 비해 얼마나 큰 축복을 받았을까요?

어떤 사람이 용감하고 인도적인 행동을 하면 개인과 단체마다 사방에서 이렇게 떠들어댑니다.

"내가 딱히 한 일은 없소. 어떤 방식으로든 그에게 이래라저래라 권유하거나 장려하지도 않았소. 또 내 경험으로 미루어볼 때 이것은 공정하게 추론하기도 어렵소."

나는 그들이 자신의 위치에 대해 읊조리는 것을 그다지 듣고 싶지 않습니다. 물론 내가 그랬을지라도 또 앞으로 그럴지도 모르지만, 지금으로서는 그들의 행동은 이기주의이거나 무례한 행동으로 볼 수밖에 없습니다. 똑똑한 사람이라면 존 브라운이 내면의 명령에 따라 일한다고 생각하지 않을 뿐만 아니라 자기는 그와 다른 피조물이라 생각할 것입니다. 존 브라운은 자신의 지휘 아래 이 땅에서 태어나고 죽었습니다.

공화당은 그의 실패가 더 확실하게 투표를 장려하리라는 것을 인식하지 못합니다. 그들은 펜실베이니아주의 표는 집계했으나 지휘관 존 브라운의 표는 제대로 반영하지 못했습니다. 존 브라운은 그들의 돛에서 바람을 제거했습니다. 물론 그들이 의지하던 바람조차 미미하기 짝이 없었습니다.

그가 여러분과 한 몸이 아니더라도, 그의 방식이나 원칙에 동의하지 않을지라도 그의 관대함만은 인정해야 합니다. 그와 여러분이 딱히 공통점이 없다고 해도 적어도 이것만은 여러분과 비슷하다고 주장하고 싶지 않습니까? 설마 그렇게 하면 여러분의 평판이 깎입니까? 하나를 내려놓으면 열을 얻게 되는 법입니다. 만약 진실을 말하지 않고 거짓을 말한다면 그들은 여전히 낡은 속임수를 부리는 것입니다.

그가 미쳤다고 부르는 이들 가운데 한 사람이 말했습니다.
"난 언제나 그가 양심적이며 겸손하고 악의 없는 사람이라는 것을 인정해왔다. 노예제도가 화두가 되기 전까지는. 그런데 노예제도 이후로 그는 누구에게도 견줄 수 없을 정도로 화를 내곤 했다."

노예선이 죽어가는 노예들을 가득 싣고 항해하고 있었습니다. 바다 한가운데서 새로운 노예 화물이 실리고, 노예주들은 해치 아래의 4백만 명을 질식시키고 있었습니다. 정치인들은 노예 해방을 위한 유일한 방법은 폭동 없이 조용히 인류애를 확산시키는 것뿐이라고 주장합니다. 그들은 인류애란 아무런 행동이 없어도 저절로 이루어진다고 믿습니다. 소란이 모든 것을 흩어지게 할까 노심초사하며, 모든 것이 주문하기만 하면 끝나는 일인 듯, 물뿌리개로 물을 뿌리면 먼지가

가라앉는 것처럼 쉽게 이루어지는 줄 착각합니다.

바다에 던져진 것들이 무엇입니까? 죽어가는 노예들의 몸뚱이입니다. 이것이 우리가 인류와 올바름을 확산하는 방식이며, 이것이 지금 인류에 대한 정서입니다.

수준이 한없이 낮은 정치인들을 능숙하게 다루는 데 저명하고 영향력 있는 기자들조차 존 브라운은 복수의 일념으로 행동했다고 깎아내립니다. 그들은 존 브라운이 어떤 사람인지 모릅니다. 그를 제대로 알려면 더 많은 견문과 더 깊은 지식이 필요합니다. 나는 언젠가는 그들이 그를 있는 그대로 보기 시작할 때가 올 것이라고 확신합니다. 기자들은 그를 자신의 믿음과 종교적 신념을 따르며, 억압받는 이들을 위해 목숨을 바치며, 그전에 어떤 사사로운 일로 방해받거나 간섭당하는 것을 몹시 싫어하는 사람이라는 점을 이해해야만 합니다.

급진적 노예 폐지론자인 데이비드 워커가 남부를 대표한다면 존 브라운은 북부를 대표합니다. 그는 뛰어난 인재였습니다. 그는 이상적인 가치를 추구하느라 육체적인 삶을 돌보지 않았습니다. 그는 세속의 부당한 법을 인정하지 않았으며 그에 맞섰습니다.

그를 통해 우리는 정치의 사소함과 더러움에서 벗어나 진리와 인간다움의 영역으로 들어 올려졌습니다. 미국에서 그 누구도 자신을 한 인간임을 자각하고 모든 사람과 정부의 평등함을 이해하며 인간의 존엄성을 위해 완곡히 맞선 사람은 없었습니다. 그런 의미에서 그는 미국의 정신을 가장 온전히 이어받은 사람이라고 할 수 있습니다.

그는 자신을 변호하기 위해 금방 들통날 거짓말을 읊어대는 변호사 따위는 필요하지 않았습니다. 대다수 미국 유권자들이나 공무원들이 흔히 내세우는 법도 그에게는 상대가 될 수 없었습니다. 그는 그와 같은 이들이 곁에 없었기 때문에 배심원단의 평결을 받을 수도 없었습니다. 한 사람이 인류의 비난과 복수에 맞서 조용히 일어났습니다. 비록 그가 가장 잔인한 살인자라고 할지라도 그는 말 그대로 온몸을 바쳐 스스로 문제를 해결했습니다.

기자들이여, 의회여, 공화당이여, 여러분은 알고 있습니까? 존 브라운에 비하면 우리는 더한 범죄자입니다. 그를 인정해 여러분의 영광을 누리십시오. 사실 그는 여러분의 존경조차 바라지 않습니다.

민주당을 지지하는 신문들은 내게 영향을 줄 만큼 인간적이지 않았습니다. 따라서 그들이 뭐라고 떠들든 나는 그다지 화가 나지 않습니다.

정황상 그가 적들의 손아귀에서 아직도 살아 있으리라 나는 믿습니다. 그런데도 나는 나도 모르게 그가 이미 죽었으리라 생각하고 있었습니다.

나는 우리 가슴 속에 살아 있어도 아직 뼈도 삭지 않은 사람의 동상을 세우는 것을 지지하지 않습니다. 하지만 그 어떤 위인의 동상보다 매사추세츠주 의회 마당에 존 브라운 동상을 세우는 것만은 보고 싶습니다. 나는 그와 동시대를 살고 있다는 사실만으로도 가슴이 들뜹니다.

그와 그의 계획을 집요하게 날조하는 정당으로 눈길을 돌려봅시다. 그들은 노예제도를 사실상 정당화하는 탈주노예법뿐만 아니라 그가 무기를 겨누며 폐지하려 했던 모든 부당한 법률을 적극적으로 실행할 만한 적당한 노예주 후보를 찾고 있었습니다. 이 얼마나 대조적입니까?

아버지와 그의 아들 여섯 명, 사위 하나, 그리고 그 이외에 열두 명이나 되는 이들이 한꺼번에 광기에 휩싸였다고 합니다. 반면에 폭군이 굳건히 통제하고 있는 동안 4백만 명의 노예와 천 명의 눈먼 기자들, 그리고 그의 조력자들은 국가와 경제를 구하고 있다고 합니다!

그가 캔자스에서 한 일은 미친 짓이라고들 합니다. 폭군에게 누가 가장 위험한 적이고, 어떤 사람이 미친 사람이며, 제정신인 사람은 누구인가요? 그가 캔자스에서 한 일을 기뻐하고 금전적인 도움을 준, 그를 잘 아는 수천 명도 그를 과연 미쳤다고 생각하겠습니까? '미쳤다'라는 표현은 그를 혐오하는 이들이 수없이 반복한 비유에 불과하며, 나는 많은 이들은 이미 침묵 속에서 그 표현을 거둬들였으리라 생각합니다. 그가 탈주노예법을 발의하고 초안을 작성한 제임스 메이슨과 그 외 다른 사람들에게 한 답변은 매우 훌륭했습니다. 그의 답변은 그들이 얼마나 왜소해지고 어떻게 패배했는지를 보여줍니다. 그들은 잔인하게 또는 소심하게 질문했고, 그의 답변은 그들의 타락한 신전에 내려치는 진실의 번개와도 같았습니다. 그들은 빌라도, 게슬러, 그리고 종교재판소와 어울립니다. 그들의 말과 행동은 얼마나 무력하고, 그들의 침묵은 얼마나 공허합니까! 그들은 이 위대한 일에서 쓸모없는 도구에 불과할 뿐입니다.

그의 주변에 모인 것은 단순히 사람의 힘이 아니었습니다.

최근 몇 년간 매사추세츠를 포함한 북부 지역이 의회에 몇 명의 분별 있는 대표를 보낸 이유는 무엇입니까? 감정적인 어조로 효과적인 선언을 하기 위해서입니까? 그들의 모든 증언은 한데 모여 요약되었습니다. 그들은 스스로 고백할 것입니다. 하퍼즈 페리 기관실에서 정신 나간 존 브라운이 몇 마디 무심코 뱉은 말은 단호하고 단순명쾌하다는 소문과 일치하지 않을 것이라고 말입니다. 여러분이 곧 교수형을 내릴 그 존 브라운 말입니다.

그는 곧 다른 세상으로 보내질 것입니다. 딱히 그가 여러분을 대표하던 인물은 아닙니다. 아니, 사실 그는 여러분뿐만 아니라 우리 모두의 대표자가 아니었습니다. 우리 같은 사람을 대표한다고 하기에는 그는 너무나도 공정합니다. 그렇다면 그는 어떤 사람을 대표할 수 있습니까?

여러분이 그의 말을 이해한다면 알 수 있을 것입니다. 그의 연설 속에는 빈말도 겉치레도 미숙함도 없으며, 무엇보다 박해자에 대한 그 어떤 찬사도 없습니다. 그는 진실로부터 영감을 얻었으며, 진솔함으로 문장을 만들었습니다. 그는 샤프스 소총 병대에 목매지 않았습니다. 그는 연설 능력을 출중하게 유지할 수 있었고, 이는 무한히 강력했으며, 샤프스 소총보다 더욱 긴 사거리를 가진 무기였습니다.

《뉴욕 헤럴드》는 메이슨과의 대화를 그대로 여과 없이 보도했습니다! 이 신문은 말이 담고 있는 함축적인 의미와 매체가 어떤 말을 담아야 하고 어떻게 전해야 하는지 모르고 있는 듯합니다.

나는 그 대화에 관한 기사를 읽고도 여전히 존 브라운이 미친 인간이라 부르는 사람들을 존중할 생각이 없습니다. 그 대화 속에서 그는 평범한 규율이나 일반적인 삶의 습관으로 평범함에 절은 사람들과 달리 건강한 정신을 지니고 있습니다. 다음 대화를 살펴보세요.

"내가 명예롭게 대답할 수 있다면 그것이 어떤 질문이든 대답하겠습니다. 하지만 그런 질문이 아니라면 대답할 생각이 없습니다. 이제껏 나는 나 자신에 관한 모든 것에 진솔하고 정직하게 말했습니다."

그의 영웅성을 존경하면서도 그의 복수심을 논하는 몇몇 사람들에게는 안타깝게도 고귀한 사람을 감지할 만한 판단력이 없습니다. 존 브라운이 순금이라 할지라도 그와 섞일 아말 감조차 되지 못합니다. 그들은 자신의 찌꺼기들을 섞어대는 저급한 재료일 뿐입니다.

이런 비방에서 눈을 돌려, 겁에 질려 있었어도 진실한 말을 하는 교도관과 사형집행관의 증언을 살필 차례가 되니 그나마 다행입니다. 현명한 헨리 와이즈 주지사는 내가 알고 있는 그 어떤 북부 지역 정치인이나 기자, 고위 공직자보다 훨씬 더 정확하게 그를 평가했습니다. 여러분은 이 문제에 대한 와이즈 주지사의 의견을 들을 수 있습니다.

"그를 미친 사람이라고 하는 사람들은 잘못 깨닫고 있습니다. 그는 냉정하고 침착하며, 불굴의 의지를 갖추고 있으며, 포로들에게 인간적이었습니다. 나는 그가 성실하며 진실하다는 것을 굳게 믿고 있습니다. 그가 광신도적이며 허영심이 있고 수다스러운 것은 인정합니다만(이 발언은 와이즈 주지사의 판단입니다) 그는 확고하며 진실하고 지적인 사람입니다. 살아남은 그의 부하들도 마찬가지입니다. 그의 인질로 잡힌 워싱턴 대령은 그가 죽음과 위험에 맞서 싸우는 모습을 보고 아는 사람들 가운데 가장 굳고 확고한 사람이었다고 말했

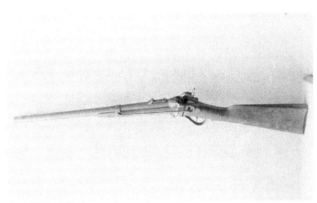

존 브라운이 소유한 샤프스 소총

습니다. 한 아들이 죽어가고 있고 다른 아들이 총에 맞은 상황에서 그는 한 손으로는 죽어가는 아들의 맥박을 재고 다른 한 손으로는 소총을 들고 침착하게 부하들을 지휘했습니다. 그는 부하들에게 목숨을 바쳐 굳건히 버티며 싸울 것을 독려했습니다. 세 명의 백인 죄수 브라운, 스티븐스, 코픽 가운데 누가 가장 굳건한지 가려내기 어려울 정도로 모두 대단한 사람들입니다."

노예제도 찬성론자들이야말로 인간에 대한 존중을 배운 최초의 북부 사람이라고 해도 과언이 아닙니다. 밸런디검 씨의 증언은 가치가 떨어지기는 하지만 와이즈 주지사의 증언과 비슷합니다.

"존 브라운과 그의 행동을 과소평가하는 것은 아주 헛된 일입니다. 그는 악당, 광인, 미치광이라는 개념에서 가장 멀리 떨어져 있는 사람입니다."

신문들은 이렇게 보도하고 있습니다.

'모든 것이 평온해진 하퍼스 페리!'

법과 노예주들이 지배할 때 뒤따르는 이 평온은 무엇을 뜻합니까?

나는 이번 사건을 현 정부의 특징을 두드러지게 드러내기 위해 고안된 시금석이라고 봅니다. 우리는 역사라는 빛으로 이번 사건을 들여다보고 우리 자신을 돌이켜봐야 합니다. 정부가 노예제도를 유지하고 노예 해방론자들을 죽이기 위해 불의의 편에 힘을 쏟고 있을 때, 그들의 잔인하고 악마 같은 힘이 드러납니다. 그런 정부는 불량배들의 우두머리나 다름없습니다. 폭정이 지배하고 있다는 것은 그 어느 때보다 명확하게 드러났습니다. 나는 이 정부가 인류를 억압하기 위해 프랑스, 오스트리아와 동맹을 맺었다고 생각합니다.

4백만 명을 노예로 삼은 폭군 앞에 영웅적인 해방자가 나타납니다. 가장 위선적이며 악마 같은 정부는 숨을 헐떡이고 있는 4백만 명의 노예들을 바라보며 묻습니다.

"왜 나를 공격하는가? 내가 정직하지 않단 말인가? 이 문제에 대한 선동을 멈추지 않으면 너를 노예로 삼거나 교수형에 처해버리겠다."

이것은 반역입니다! 어디서 이런 반역이 감히 일어날 수 있습니까? 나는 여러분의 정부가 반역 당할 짓을 했다고 생각하지 않을 수 없습니다. 분수처럼 솟아오르는 생각을 어떻게 멈출 수 있겠습니까? 태초의 반역은 전제정치에 저항하며 일어났습니다. 이는 인간을 만들고 다시 영원히 재창조하는 힘에 기원합니다. 그리고 그 힘으로 일어납니다. 여러분이 이모든 반역자를 잡아 교수형에 처했다고 해도 근원을 해결하지 않는다면 죄책감 외에는 아무것도 이루지 못한 것이나 다름없습니다.

미국에는 4백만 명의 노예가 있습니다. 미국은 노예제도를 유지하기로 했습니다. 합중국의 일부인 매사추세츠주는 노예의 탈출을 막기 위해 감시하고 있습니다. 매사추세츠의 모든 주민이 그런 것은 아니지만, 매사추세츠주를 통치하고 그에 순응하는 이들은 노예제도를 지지하고 있습니다. 하퍼즈 페리에서 반란을 진압한 것은 버지니아주뿐만 아니라 매사추세츠주도 함께였습니다. 매사추세츠주는 반란을 진압하기 위해 해병대를 보냈습니다. 그들은 반드시 죗값을 치러야 합니다.

우리에게 도망쳐 온 모든 노예를 관대하게 구해주고 유색인종인 동료 시민을 보호하는 일을 개인이 부담하고 책임지며 그 밖의 다른 일을 정부에 맡기는 사회가 있다고 가정해봅시다. 그런 정부는 급히 몰락하고 사람들에게 경멸 대상이 될 것입니다. 민간인이 정부의 직무를 대신 수행하고 약자를 보호하고 정의를 지켜야 한다면 정부는 보잘것없는 일과 사소한 업무를 수행하기 위해 고용된 관리일 뿐입니다.

그런 정부 밑에서는 자경단이 생길 수밖에 없습니다. 비밀리에 자경단을 둔 이슬람 법집행관을 어떻게 생각해야 합니까? 우리의 북부 지역 주민들이 이렇습니다. 주들은 각각 이미 자경단을 두고 있습니다. 그리고 이 정부들은 이런 관계를 인정하고 받아들입니다. 그들은 사실상 이렇게 말하고 있는 것이나 다름없습니다.

"우리는 이 조건으로 당신을 위해 기꺼이 일할 것이다. 다만 그 어떤 소리도 용납할 수 없다."

정부는 매달 보장되는 월급을 받아먹으며 뒷방으로 한발 뒤로 물러나서 헌법을 고치는 데 골몰합니다. 이를 보면 겨울철에 한 푼이라도 더 벌기 위해 다른 일에 뛰어드는 농부들이 떠오릅니다. 그들의 육신 속에는 대체 어떤 정신이 담겨 있습니까? 그들은 주식에 투자하고 산에 터널을 뚫지만 길을 내는 능력은 없는 것과 같습니다. 미국에서 노예들의 탈출을 돕기 위해 결성된 비밀 조직 언더그라운드 레일로드마저 자경단에서 소유하고 관리하는 실정입니다. 정부는 땅 전체에 터

널을 뚫었을 뿐이며, 깨진 바가지에서 물이 새는 것처럼 긍지를 잃었으나 권력만은 여전히 쥐려 합니다.

존 브라운을 따르는 사람들이 소수에 불과하다는 이유만으로 사람들은 그에게서 등을 돌렸고 비난했습니다. 선하고 용감한 사람들이 다수였던 적이 있던가요? 지지하는 사람들이 많아질 때까지 기다리라는 말입니까? 나와 여러분이 그에게 합류할 때까지? 주변에 폭도나 돈으로 고용된 용역이 없었다는 사실만으로도 그는 일반적인 영웅과 다릅니다.

그가 모병 당시 통과 기준이 너무 철저해 그가 이끄는 부대는 정말 소규모였습니다. 그의 추종자들은 가난하고 억압받는 이들을 위해 기꺼이 목숨을 내놓을 수 있는 사람들로, 수백만 명까지는 아니더라도 수천 명 중에서 선발한 이들입니다. 그들은 지조 있고, 보기 드문 용기를 지녔으며, 희생정신으로 똘똘 뭉쳐 있습니다. 동료를 위해 언제라도 희생할 준비가 되어 있습니다. 미국 전역에서 이와 같은 이들을 더 찾을 수 있을까요?

그들의 지도자는 부대를 증원하기 위해 전국을 샅샅이 뒤져 인재를 찾았습니다. 그와 그의 부대는 박해자와 피해자 사이에 끼어들 준비가 되어 있었습니다. 그들은 교수형에 처하기 알맞은 가장 훌륭한 사람들이었습니다. 이 말은 지금 나라가 그들에게 해줄 수 있는 최고의 찬사나 다름없습니다. 그들은 교수형에 오를 준비가 되어 있었습니다. 오랜 기간 많은 이들이 교수형에 처했지만, 그 가운데 이토록 진정한 적임자는 여태껏 없었습니다.

존 브라운과 그의 사위 그리고 여섯 아들은 냉정하고 경건했으며 인도적으로 혁명에 가담했습니다. 몇 달간 잠자는 잠깐의 시간을 제외하고 더우나 추우나 생각을 되새기며 순수한 목적을 위해 나아갔습니다. 거의 모든 미국인이 그들과 반대편에 서 있었습니다. 그 장엄한 광경은 내게 큰 영향을 미쳤음을 다시 한번 강조합니다.

어떤 기관에서 '존 브라운의 대의'를 옹호하는 글을 썼다면 그것은 오히려 혁명의 효율성을 치명적으로 떨어뜨렸을 것입니다. 단조롭고 지루한 목소리로 오래된 곡을 연주하고는 구걸하는 모습을 연상시켰을 것입니다. 그가 정부로부터 외면당하지 않기 위해 어떤 행동을 취했더라면 그의 대의는 의심을 샀을지도 모릅니다. 폭군이 승기를 잡느냐 그가 승기

존 브라운과 그를 추종하는 이들이 1857년부터 1859년까지 거주한 아이오와주 스프링
데일 소재 윌리엄 맥슨의 집

를 잡느냐에는 사소한 양보나 그 어떤 협상도 없었습니다. 이 사실이야말로 그를 당시 모든 혁명가와 구별 짓게 합니다.

그에게는 특별한 원칙이 있습니다. 그것은 노예를 구출해야 한다면 노예주에게 무력을 사용할 합당한 권리가 있다는 것입니다. 나는 그의 생각에 전적으로 동의합니다. 노예제도에 충격을 받은 사람만이 노예주의 폭력적인 죽음에 놀랄 권리가 있으며, 노예제도에 관심 없는 이들은 이에 놀랄 권리조차 없습니다. 사람들은 노예주의 죽음보다 살아 있는 그에게 더 큰 충격을 받을 것입니다. 나는 노예를 해방하는 데 가장 빠른 길을 선택한 그의 방식이 잘못되었다고 생각하지 않습니다. 내가 나를 쏘아 죽이지도 해방하지도 않는 인류애보다는 그의 인류애를 더욱 높이 산다고 말함으로써 노예들을 대변하겠습니다.

나는 한 인간이 지속적으로 영감을 얻지 않는 한 평생 이 문제에 관한 글을 쓰거나 대변하는 것은 너무나 힘들며 나조차도 불가능한 일입니다. 누구나 돌봐야 할 다른 일이 있습니다. 나는 죽이거나 죽임을 당하는 것을 원하지 않지만, 이를 피할 수 없는 상황이 닥칠 것을 예견할 수 있습니다.

우리는 매일 사소한 폭력 행위를 자행하며 공동체의 평화를 유지합니다. 경찰봉과 수갑을 보십시오! 감옥을 보십시오! 교수대를 보십시오! 부대의 군종목사를 보십시오! 우리는 이 임시 군대의 외곽에서 안전하게 살고 싶을 뿐입니다. 조용하게 우리 자신과 우리의 보금자리를 지키며 노예제도를 유지하려 합니다.

우리 국민 대다수는 총을 정당하게 쏠 수 있는 유일한 길은 다른 나라로부터 모욕을 당했을 때, 결투를 벌이거나 인디언을 사냥하고 도주한 노예를 사살할 때라고 알고 있습니다. 나는 무기가 그것을 사용할 자격이 있는 사람의 손에만 쥐어지고, 그 무기를 정당한 대의를 위해 사용한 것은 이번이 처음이라고 생각합니다.

예수가 성전에서 장사꾼들을 쫓아냈던 분노가 지금 되살아나 불의를 몰아낼 것입니다. 문제는 무기가 아닌 무기를 사용하는 여러분의 마음가짐입니다. 아직 미국에는 그와 그의 동료를 사랑스럽고 부드럽게 대하는 사람이 나타나지 않았습니다. 그는 인간을 위해 살았고, 자신의 삶을 내려놓고 새로운 삶을 시작했습니다. 군인들이 아니라 비폭력적인 시민들이

$150 REWARD

RANAWAY from the subscriber, on the night of the 2d instant, a **negro man,** who calls himself *Henry May*, about **22** years old, **5 feet 6 or 8 inches** high, ordinary color, rather chunky built, bushy head, and has it divided mostly on one side, and keeps it very nicely combed; has been raised in the house, and is a first rate dining-room servant, and was in a tavern in Louisville for **18 months. I** expect he is now in Louisville trying to make his escape to a free state, (in all probability to Cincinnati, Ohio.) Perhaps he may try to get employment on a steamboat. He is a good cook, and is handy in any capacity as a house servant. Had on when he left, a dark cassinett coatee, and dark striped cassinett pantaloons, new---he had other clothing. I will give **$50** reward if taken in Louisvill; **100** dollars if taken one hundred miles from Louisville in this State, and **150** dollars if taken out of this State, and delivered to me, or secured in any jail so that I can get him again.   **WILLIAM BURKE.**

Bardstown, Ky., September 3d, 1838.

도주한 노예를 잡아 오면 150달러를 준다는 광고

장려되는 폭력이란 어떤 종류입니까? 평신도들이 아니라 복음을 전하는 목사들이, 싸움을 부추기는 무리보다 퀘이커교도들이, 퀘이커교 남자들이 아니라 퀘이커 여성들이 장려하는 폭력은 어떤 종류의 폭력입니까?

이번 사건은 한 인간이 죽지 않을 수 있다는 사실을 알려줍니다. 마치 이전에 미국에서 단 한 명도 죽은 사람이 없는 것처럼 보입니다. 죽기 위해서는 우선 살아 있어야 하기 때문입니다. 나는 영구차, 관, 장례식 등 보이는 죽음을 믿지 않습니다. 이번 사건에는 죽음이 없습니다. 애초에 생명이 없었기 때문입니다. 시체는 이미 살이 썩거나 떨어져 나갔거나 훨씬 더 전에 썩어 문드러졌거나 진작 떨어져 사라질 뿐입니다. 성전의 장막은 찢어지지 않았으나 어딘가에 구멍만 파여 있습니다.

죽은 자들로 하여금 죽은 자들을 묻게 합시다! 그들 가운데 가장 훌륭한 이들은 시곗바늘처럼 공정하게 살아 있습니다. 벤저민 프랭클린과 조지 워싱턴, 그들은 죽지 않고 풀려났습니다. 그들은 시간이 되어 떠났을 뿐입니다.

나는 많은 이들이 곧 죽거나 이미 죽고 있다고 주장하는 것을 들어 왔습니다. 그것은 말도 안 되는 소리입니다! 나는 그들의 계획을 좌절시킬 것입니다. 그들에게는 죽을 가치가 있는 생명이 없습니다. 그들은 곰팡이처럼 곧 녹아내릴 것이고, 그들이 떠난 자리는 백 명의 추모객들이 닦아낼 것입니다. 세상이 시작된 이후로 겨우 여섯 명 남짓한 사람만이 죽었습니다.

여러분은 여러분 자신도 곧 죽을 것 같다고 생각합니까? 아닙니다. 여러분에게는 그럴 희망이 없습니다. 여러분은 아직 교훈을 얻지 못했습니다. 그러니 방과 후 수업에 남으십시오. 우리는 사형에 대해 쓸데없이 불필요한 논쟁을 벌입니다. 앗아갈 삶이 없는데 어떻게 죽을 수 있다는 것입니까!

메멘토 모리(Memento mori)라는 말을 들어보았습니까? '너 또한 반드시 죽는다는 것을 기억하라' 라는 라틴어 말입니다. 우리는 가치 있는 삶을 산 사람들이 묘비에 남긴 숭고한 글을 이해하지 못하고 있습니다. 우리는 그 문장을 비굴함과 비아냥거림의 의미로 받아들일 뿐입니다. 우리는 어떻게 죽어야 하는지를 완전히 잊어버린 채 살고 있습니다.

그럼에도 불구하고 죽을 날은 올 것입니다. 그러니 할 일을 한 다음 그것을 마무리하십시오. 시작하는 방법만 안다면 어떻게 끝내야 하는지도 알 수 있을 것입니다.

이 사람들은 죽는 방법을 가르치는 동시에 사는 법도 가르쳐줍니다. 만약 그의 행보와 어록이 부흥을 일으키지 못한다면 그것은 심각한 풍자로 전락할 것입니다. 이번 사건은 미국인들이 가장 좋아할 최고의 조롱거리 뉴스가 될 것입니다. 그는 미약하게 뛰던 북부의 심장에 많은 피를 불어넣어 약하던 맥박을 뛰게 했습니다. 이 피는 상업적, 정치적인 번영이 가져올 수 있는 것들보다 더 많았습니다. 자살을 고려하던 많은 이들이 살아야 할 이유가 생긴 것입니다.

한 작가는 이렇게 말했습니다.

"미주리의 주민들은 존 브라운의 편집광적인 독특한 모습 때문에 그를 초자연적인 존재로 생각했고 두려워했다."

비겁한 이들에게 영웅이란 존재는 언제나 두려움의 대상입니다. 존 브라운은 바로 그런 존재입니다. 그는 내면에 신성의 불꽃을 지니고 있으며, 스스로 자신이 초자연적임을 보여주었습니다. 새뮤얼 대니얼의 시 〈컴버랜드 백작 부인 레이디 마가렛에게〉의 한 구절은 이를 대변합니다.

자신으로 살 수 없다면

그는 얼마나 가여운 존재인가.

신문 기자들은 존 브라운이 본인 스스로 일을 부여한 것 자체가 광기의 증거 중 하나라고 주장합니다. 존 브라운은 잠시도 자신에 대한 믿음을 의심하지 않았습니다! 기자들은 오늘날 인간이 어떤 일이든 할 수 있는 신성한 임명을 받는 것이 불가능한 일인 양 말합니다. 그들은 어떤 사람의 일상에 종교와 교리가 스며드는 것은 이미 시대에 뒤떨어진 것이라 굳게 믿습니다. 대통령이나 정당이 임명하는 사람만이 노예제도를 없앨 수 있다는 듯 말합니다.

존 브라운은 어떤 대의를 위해 종교적으로 헌신했습니까? 그를 비난하는 사람들은 대체 어떤 명분을 위해 그토록 분노하고 날을 세우는 것입니까? 그의 대의와 그들의 명분을 비교하면 하늘과 땅만큼의 차이가 날 것입니다.

우리의 지도자들은 죄 없는 사람들입니다. 그들 자신도 그 자리에 앉은 것은 신에 의해 선택된 것이 아니라 투표로 선출되었다는 것을 충분히 알고 있었습니다.

누가 그를 교수형에 처할 것입니까? 그의 교수형은 북부에

1860년 미국 남부에서 제작한 포스터 〈존 브라운 노인의 경력〉으로, 존 브라운을 악마로 묘사하고 있다.

서 피할 수 없는 일입니까? 그를 그리스신화 속의 괴물 미노타우로스에게 던져버릴 수밖에 없습니까? 그렇게 하고 싶지 않다면 분명히 말하십시오. 이런 일이 벌어지는 동안 아름다움은 베일 뒤에 숨겨지고 음악은 날카로운 거짓말처럼 비명을 지를 것입니다.

그를 생각해보십시오. 그만의 남다른 인품을! 그런 사람을 키워내기까지 오랜 시간이 들고 그를 온전히 이해하는 데도 오랜 세월이 걸립니다. 그는 가짜 영웅이 아닐뿐더러 어느 정당을 대표하지도 않습니다. 이 미개한 땅에 내린 태양과도 같은 사람은 다시는 떠오르지 않을지도 모릅니다. 우리는 가장 값비싼 비용을 들여 그를 만들었으며, 그는 속박받는 이들을 구원하기 위해 이 땅에 보내졌습니다.

그런 그를 우리 품 안에 거두는 유일한 방법이 밧줄 끝에 매달아 놓는 것입니까? 십자가에 못 박히신 예수 그리스도를 경배한다고 주장하는 이들이 지금 4백만 명을 구원하기 위해 자신을 바친 그에게 무슨 짓을 하려고 하는지 돌이켜보길 바랍니다.

누구에게나 무엇이 정당한지 깨닫는 때가 옵니다. 하지만 세상의 모든 지혜로도 어리석은 자들을 모두 깨우칠 수는 없습니다. 살인을 저지른 그는 자신이 정당하게 처벌받을 것을 알고 있습니다. 하지만 자신의 잘못을 인정하고 반성하기도 전에 정부가 서둘러 그에게 잘못을 억지로 강요하고 범죄를 뒤집어씌워 그의 목숨을 빼앗는다면 그것은 파렴치한 짓이며 정부 스스로 파멸의 길로 가는 것입니다. 개인이 옳고 정부가 틀릴 수도 있으며, 그것을 말하는 것이 죄입니까? 법이라는 이유만으로 반드시 시행되어야 옳은 것은 아닙니다.

선하지 않은 법이 몇몇 사람에 의해 선하다고 판단되어 선함으로 선고된다면 어떻게 하겠습니까? 법이 인간의 양심에 어긋나는 일을 하는 도구가 되어야 합니까? 선량한 사람을 교수형에 처하는 것이 입법자들의 진정한 목표입니까? 판사들은 법 정신이 아니라 법전에 나온 대로 법을 해석합니까?

정신 속의 빛을 등진 채 당신들끼리 약속하고 판결할 권리가 당신들에게 있습니까? 당신들조차 이해하지 못하면서 당신들끼리의 약속 때문에 강요된 신념에 따르는 것은 당신들을 위해서입니까? 나는 그런 방식으로 사람을 공격하거나 변호하는 이들을 믿지 않습니다. 당신들에게는 그가 법을 위반했는지 그렇지 않은지는 중요하지 않습니다.

인간을 정당하게 다스리는 영원불변의 법이 있다면 달라집니다. 하지만 반은 노예의 땅에, 반은 자유의 땅에 걸친 채 엉터리 법을 만드는 공장! 거기서 자유 시민을 위한 법을 기대할 수 있겠습니까?

'그는 단단히 잘못되었습니다.'

'거짓말쟁이.'

'미친 사람!'

'악의에 가득 찬 인간.'

당신들이 안락의자에 편히 앉아 펜대를 굴리는 동안 그는 무기고 바닥에서 구름 한 점 없이 맑은 하늘과 같은 자연의 목소리로 진실하게 대답합니다.

"그 누구도 나를 이곳으로 보내지 않았다. 이는 곧 조물주의 뜻이며, 나 스스로 온 것이다. 나는 인간인 주인을 모시지 않는다."

그는 자신을 지켜보고 있는 인질들을 향해 부드럽고 고상한 목소리로 말을 이어갑니다.

"친애하는 여러분, 나는 지금 당신들이 하느님과 인류에게 큰 죄를 지었으며, 계획적으로 그리고 악질적으로 속박당한

존 브라운의 봉기를 기념한 벽화 〈비극적 서곡〉(존 스튜어트 커리, 1942년)

사람들을 해방하기 위해 누구든 당신들이 지금 하려는 일에 맞서 싸우는 것은 지극히 옳다고 생각합니다."

그리고 그는 자신이 펼쳐온 운동을 언급하며 이렇게 덧붙였습니다.

"그것이야말로 우리가 하느님께 바칠 수 있는 가장 큰 봉사라고 믿습니다. 나는 아무도 도와주지 않는 속박 속에 갇힌 가난한 이들이 가엾게 생각합니다. 그것이 지금 내가 여기에 와 있는 이유입니다. 개인적인 적대감, 복수심 따위나 채우려고 온 것이 아닙니다. 억압받는 이들과 억울한 이들을 위한 나의 동정심은 여러분 못지않고, 이런 마음은 하느님 앞에서 귀한 것입니다."

여러분은 성경을 읽으면서도 그 안의 구원 언약을 알아보지 못합니다.

"부유하고 힘 있는 이들의 권리만큼이나 내가 노예제로 핍박받는 이들의 권리를 존중하는 것을 이해해주길 바랍니다. 그들은 가장 가난하고 약하며 노예제에 억압받고 있습니다. 이 문제는 남부 주민들이 대비했던 것보다 더 빨리 해결될 것입니다. 그러니 어서 준비하십시오. 빠르면 빠를수록 좋습니다. 여러분은 나를 아주 쉽게 죽일 수 있겠지만 그것으로는 문제를 해결하기 어렵습니다. 이 문제는 아직 끝나지 않았습니다."

검투사 노예 스파르타쿠스를 기리기 위해 로마에 가지 않고도 화가는 명화를 그리고, 시인은 그를 노래하며, 역사가는 그 시대를 기록할 수 있습니다. 나는 그들이 청교도들의 상륙과 독립선언, 노예제도를 기록하고, 노예제도가 더는 존재하지 않을 미래에 지어질 국립기념관을 장식할 것이라고 내다봅니다. 그날이 오면 우리는 존 브라운을 위해 마음껏 목 놓아 울 것입니다. 그날을 위해 지금 우리 모두 투쟁합시다.

존 브라운
사망 후의
논평

존 브라운 사망 후의 논평

모든 것을 초월하는 도덕적 위대함은 생각보다 보편적이며 많은 것과 연관되어 있습니다. 이는 정점을 향해 올라갈수록 폭이 좁아지는 피라미드의 모형처럼 모든 시대와 모든 장소에서 말하는 위대함과 일맥상통합니다. 수많은 시들 중에서도 가장 훌륭한 작품이 부분 또는 전체적으로 존 브라운에게 맞아떨어집니다. 지금 우리가 처해 있는 현실에서는 오직 진실하고, 강인하며, 엄숙하고 진지한 것이 어울립니다. 모든 숭고한 구절 하나하나가 그를 위한 추도사나 칭송으로 이어지거나 연설문으로 사용합니다.

실제로 이미 이는 보편적인 전례 일부로 밝혀졌으며, 교회가 장례 의식을 해주지 않은 영웅과 순교자의 경우 적용할 수 있습니다. 이것은 모든 위대한 천재들이 시에 이바지한 높은 곳, 즉 그들의 장례식에서 쓰는 공식적인 방법입니다. 영국 시인 앤드루 마블이 읊은 것처럼 말입니다.

판사의 머리 위에서 칼이 빛날 때
두려움이 겁쟁이 성직자를 침묵하게 할 때
그때 비로소 시인의 시간이며, 화가는 붓을 잡으리라
고결함의 너른 마음이 버려진 투쟁의 땅에서
제국의 수레바퀴가 다시 돌아갈 때
갈라진 차축으로 세상은 금이 갔지만
여전히 그는 태초의 권리와 더 나은 시대를 노래하리니
고통받는 선을 구하고 오랜 범죄를 벌하리라

이번 사건에 비유해보면 훌륭한 시의 숨은 의미가 불빛에 비친 것처럼 뚜렷하게 드러납니다.

모든 왕은 차가운 무덤 속으로
마침내 들어가야만 하네
오로지 정의로운 이들의 행동만이

먼지들 속에서 향기를 피우고 피어나느니

최근에 옥중에 있는 우리 영웅을 면회한 부인은 그가 체포되었을 때 입은, 칼과 총검에 온통 찢기고 뚫린 옷을 그대로 입고 있었다고 말했습니다. 그는 모자도 쓰지 않은 채 재판을 받으러 갔습니다. 부인은 감옥에서 그 옷을 수선하며 시간을 보냈고, 기념품으로 피 묻은 핀을 집으로 가져왔습니다.

그런 옷으로 버티는 이유는 무엇인가

영원토록 변하지 않는 옷은
가난한 이들에게 자비를 베풂이리니
숱한 시간도 벌레들인들
그 옷을 닳게 하지는 못하리

내가 쓴 월터 롤리 경의 사례를 살펴보기 바랍니다.
월터 롤리 경이 자신의 사형집행일을 하루 앞두고 쓴 것으로 추정되는 〈영혼의 사명〉이라는 유명한 시는 이번 사건에도 똑같이 적용될 수 있습니다.

영혼이여, 육신의 손님이여
은혜를 잊은 자에게 가서 말하라
진실이 곧 한없는 권능이 되리니
순수함을 더럽힐까 두려워 마라
나는 기어이 죽음에 이르느니
가서 세상에 거짓이라 꾸짖어라

법정에 가서 말하라
그곳이 썩은 나무처럼 타오른다고
교회에 가서 말하라
진정 무엇이 선하고 무엇이 악한지
아니라고 대꾸한다면
그들에게 거짓이라 꾸짖어라

가진 자에게 가서 말하라
다른 사람들 덕분에 배가 불러도
베풀지 않으면 사랑받지 못한다고
파벌 없으면 힘도 없다고 대꾸한다면
그에게 거짓이라 꾸짖어라

지위 높은 자에게 가서 말하라

그의 목적은 야망일 뿐이며

그의 지혜는 증오일 뿐이라고

만약 그가 대꾸한다면

그에게 거짓이라 꾸짖어라

헌신 없는 열정에 말하라

욕망뿐인 사랑에 말하라

다만 흐를 뿐인 시간에 말하라

티끌일 뿐인 육신에 말하라

그리고 그들이 대꾸하지 않길 빌어라

그 모두 거짓일 테니

헛되이 쌓이는 나이에 말하라

내일이면 낡을 명예에 말하라

쉽게 시들 아름다움에 말하라

함부로 걸려 넘어질 호의에 말하라

그들이 대꾸한다면

모두 다 거짓이라 꾸짖어라

행운에 공허함을 말하라

자연에 쇠락을 말하라

우정에 무정함을 말하라

정의에 차별을 알려주어라

그들이 대꾸한다면

모두 다 거짓이라 꾸짖어라

내가 네게 명한 대로

그들에게 비밀을 알려주었을 때

그들에게 그 말이 거짓이라도

그들이 날카로운 칼을 들더라도

누가 그 칼로 너를 찌르랴

누가 네 영혼마저 죽이랴

내가 죽는 날이 오더라도

그날을 기록하지 마라

슬피 종도 울리지 마라

증오가 차갑게 식은 날

사랑이 그것을 기억하리니

1899년, 노스 엘바에 재매장하는 존 브라운의 관

이어 콩코드의 시민이 존 브라운을 위해 선정한 윌리엄 콜린스의 시 〈용감한 그는 어떻게 잠드는가〉를 읽겠습니다.

용감한 그는 어떻게 잠드는가
조국의 축복을 받으며
이슬이 곱게 맺힌 차가운 봄의 손길이
성스러운 흙을 장식하기 위해 돌아온다
봄은 팬지꽃을 밟았던 자취보다
더 달콤한 흙을 만들어낸다

요정의 손에 종소리가 울려 퍼진다
보이지 않는 형상들은 애가(哀歌)를 부르고
명예는 회빛 순례자로 찾아오고
진흙을 감싸는 푸른 잔디를 축복한다
자유는 잠시 은둔자로 머물며
울고 다녀야 할 것이리라

(그 뒤 〈발렌슈타인의 죽음〉(프리드리히 실러), 〈길고 힘든 탐구로 이끄는 것〉(윌리엄 워즈워스), 〈모드〉(알프레드 테니

슨), 〈찰스와 바이런 공작의 음모〉(조지 채프먼)를 읽은 소로
우는 헨리 워튼의 〈행복한 삶의 특징〉을 펼쳤다.)

　남들의 뜻에 복종하지 말라고
　배워온 사람은 얼마나 행복한가
　제 정직함에 스스로 보호받고
　사실됨이 그의 재능이 되는

　그 어떤 격정도 뒤흔들 수 없는
　죽음 앞에서조차 침착한 영혼
　세상의 칭송과 입김으로부터
　자유로운 그는

　우연한 권세를 부러워하지 않고
　칭찬을 좇을 때 얻는 깊은 상처를
　이해해본 적 없는 영혼
　법이 아닌 선의 법칙에 따르고

　소문조차 그의 삶을 옮길 수 없다

제 양심이 보금자리인 사람

권력을 얻을 때 돋보이지 않고

힘을 잃을 때 억압되지 않는

하루의 시작과 끝에 주를 찾으나

제 뜻보다는 주의 뜻을 위하고

떳떳한 하루의 시간을

성서와 벗으로 채우는

그는 출세의 기대와 몰락의 공포에도

매여 있지 않고 자유롭다

땅이 아닌 저 자신의 지주일 테니

가지지 않음에도 전부 가졌으리라

마지막으로, 내가 번역한 타키투스를 존 브라운에게 바칩니다.

아그리콜라, 당신의 삶은 영광스러웠을 뿐만 아니라 적시에 죽음을 맞이한 만큼 운이 좋았다고 할 수 있겠소.

뉴욕 노스 엘바에 있는 그의 가족 농장에 있는 브라운의 무덤은 순례지가 되었다.

당신의 마지막 말을 들었던 사람들이 말하듯 당신은 변함없이 운명을 기꺼이 받아들였고 힘이 닿는 한 황제의 무죄를 위해 노력했소. 우리가 당신을 위해 건강을 돌보고 곁에서 그대의 포옹을 받는 것이 허용되지 않았다는 것은 부모를 잃은 쓰라림에 비할 정도로 슬픈 일이오. 확실히 우리는 영혼의 가장 깊은 곳에서 소중히 여길 수 있는 몇 가지 명령과 말을 들었소. 이것이 우리의 아픔이고 상처요. 당신은 적은 눈물과 함께 묻혔으며 마지막 지상의 빛 속에서 다른 이들은 보지 못했던 것을 바라보며 눈을 감았소.

현자들이 생각하는 바와 같이 위대한 영혼은 육체와 함께 소멸하지 않는다. 영혼은 평온히 잠들 것이며 그 가족을 가냘픈 한탄으로부터 당신의 미덕이 구할 것이다. 이는 말 없이 또는 소리 내어 비탄해서는 안 된다. 수명 짧은 칭찬보다 더 값진 우리의 칭찬으로 당신을 예우할 수 있게 해달라. 만약 자연이 우리를 돕는다면 당신을 모방함으로써 당신을 존경할 것이다. 당신을 가장 닮은 경건함이야말로 진정한 명예다. 진정한 명예는 당신을 닮은 경건함을 지닌 자가 될 것이다. 나는 또한 당신의 가족들에게 그대의 기억을 존중하며 당신의 모든 행동과 말을 기억하고 육체보다는 인격과 영혼의 형태를 포용하도록 가르칠 것이다. 대리석이나 놋쇠로 만든 조각상으로 가치를 논하는 것이 아니다. 인간 육체에 대한 이미지는 부패하기 쉬우며 약하기 그지없기 때문이라 생각한다. 반면에 영혼은 영원히 건재할 것이다. 우리는 그것을 간직하고 또 표현할 수 있다. 이국적인 물질과 예술로서가 아닌 우리 자신의 삶 속에 영위할 수 있다. 우리가 사랑했던 아그리콜라가 무엇이든 우리가 존경했던 것이 무엇이든 영혼은 영원토록 인간의 마음과 역사 속에 기록될 것이며 영원히 남을 것이다. 망각은 마치 불명예스럽고 무가치한 것처럼 수많은 고대인을 추월해왔다. 아그리콜라가 묘사되고 후대에 전해져 온 것처럼 기억은 살아남을 것이다.

존 브라운의
마지막
날들

존 브라운의 마지막 날들

존 브라운 생애의 마지막 6주는 우리가 사는 어둠을 비추는 유성과도 같았습니다. 우리는 역사상 이렇게 기적적인 일을 경험하지 못했습니다.

당시 누구든 강연이나 대화에서 카토, 빌헬름 텔, 빙켈리드와 같은 고대 영웅들을 거론하면서 존 브라운의 최근 행적과 어록을 언급하지 않는다면 북부의 지각 있는 청중들은 용서할 수 없을 정도로 억지스럽다고 느꼈을 것입니다.

나는 사람보다 자연에 더 많은 관심을 기울이는 편이지만, 어느 감동적인 사건은 자연을 향한 눈을 멀게 할 수 있습니다. 가만히 살아 숨 쉬는 자연을 관찰하거나 사회에 무관심하게 조용히 살아가는 사람들을 만날 때마다 깜짝 놀랄 정도로 그에게 빠져들었습니다. 작은 물총새가 평소와 다름없이 강물 속으로 조용히 잠수하는 것조차 이상하게 느껴졌고, 콩코드가 더는 존재하지 않을 때도 이 새는 계속 자맥질할 것이라는 생각이 들었습니다.

사형선고를 받고 죄수가 된 그에게 그의 다음 계획과 방편을 묻는다면 누구보다 현명하게 대답할 것입니다. 그는 자신이 처한 상황을 누구보다 잘 알고 있으며, 그 상황을 침착하게 숙고했습니다. 반면 남부와 북부의 모든 사람은 이성을 잃었습니다. 우리는 그와 견줄 위대하거나 현명하거나 더 나은 사람을 생각할 수 없습니다. 그는 모든 사람보다 높은 곳에 있습니다. 지금 이 나라는 이 나라에서 가장 위대하고 뛰어난 인물에게 교수형을 내렸습니다.

여론이 혁명으로 이어지기까지는 많은 시간이 필요 없었습니다. 사건 이후 며칠, 아니 몇 시간 만에 눈에 띄는 변화가 일어났습니다. 그를 추모하기 위한 콩코드의 예배에 참석하면서 존 브라운을 교수형에 처해야 한다고 생각했던 50여 명이 막상 예배를 마치고는 그렇게 말하지 않았습니다. 그들은 존 브라운의 어록이 낭독되는 것을 듣고, 추모 예배에 모인 사람들의 진지한 표정을 관찰했습니다. 그리고 마침내 찬송가를 부르며 함께 존 브라운을 찬양했습니다.

순서도 바뀌었습니다. 한 목사는 처음에는 충격을 받고 말을 잊더니 존 브라운이 교수형에 처한 후에는 그를 주제로 설교했습니다. 존 브라운을 칭송하던 목사는 말을 바꿔 서둘러 그렇게 말한 것은 실수였다고 말했습니다. 한 유명한 교사는 예배가 끝난 후 처음에는 목사와 같은 입장이었지만 지금은 존 브라운이 옳다고 생각한다며, 그 생각을 고학년 학생들에게 들려줘야겠다고 말했습니다.

그 교사가 목사의 생각을 앞선 것처럼 학생들은 교사의 생각보다 앞서고 있었습니다. 나는 집에서 시간을 보내던 어린 아이들이 왜 하느님께서 그를 구하지 않았는지 부모에게 몹시 놀란 듯 물어보았다는 것을 잘 알고 있습니다. 어린아이를 이끌어 가야 할 이들이 오히려 때를 놓치고 힘없이 끌려가고 있습니다.

성서에 충실하고 양심적인 목사들, 즉 원칙을 말하면서 남에게 대접받고자 하는 대로 다른 이에게 행하라는 그들이 가장 위대한 목자이자 성경을 삶과 행동으로 실천하고 성경의 말씀대로 따른 그를 어떻게 인정하지 않겠습니까? 도덕관념을 깨우친 사람들, 높은 곳에서 복음을 전하는 이들 모두가 그의 편에 섰습니다. 냉정하고 보수적인 사람들로부터 그가 얼마나 많은 고백을 받아냈습니까! 이것이 새로운 브라운파를 만드는 계기가 되지 않은 점이 안타까워도 그런대로 다행입니다.

　교회에 가든 가지 않든 성경의 자구에 얽매이지 않는 사람들이 가장 먼저 그를 알아보았습니다. 남부에서는 노예를 구출하려다 교수대에 오른 사람이 있었지만, 북부는 이런 일로 크게 동요하지 않았습니다. 왜 이런 차이가 생겼을까요? 우리는 원칙에 대한 사람들의 기준을 그리 확신할 수 없습니다.

　북부에 사는 사람들은 깨어났습니다. 인간이 만든 법을 돌아보고, 오류를 밝혀냈으며, 영원한 정의와 영광을 깨달았습니다. 일반적으로 사람들은 정해진 방식에 따라 살아가며 법과 질서가 지켜지면 어느 정도 만족합니다. 그러나 이번만은 독자적인 시각으로 바라보았으며, 그들 사이에 종교적 부활이 조금이나마 되살아났습니다. 그들은 질서라고 부르는 것은 혼란이며, 정의라고 간주한 것은 불의이며, 가장 훌륭하

토머스 호벤덴이 그린 〈존 브라운의 마지막 순간〉(1884년)

다고 생각한 것이 가장 나쁜 것임을 목격했습니다. 이것은 우리 선조들을 움직였던 정신보다 훨씬 더 이성적이고 순결한 정신이며, 그로써 세월이 흐르면서 억압받던 이들을 위한 혁명을 보여주었습니다.

대부분의 북부 사람들뿐만 아니라 일부 남부 사람들이 존 브라운의 말과 행동에 놀라움을 금치 못했을 뿐만 아니라 그에게 감동했습니다. 그들은 자신들이 얼마나 영웅적이고 고귀하며, 이 나라에서, 아니 역사상 자신들과 동등한 존재는 없다는 것을 보고 느꼈습니다. 하지만 몇몇은 마음을 굳게 닫았습니다. 그들은 다른 이들의 태도에 놀랐고 화를 냈습니다. 그들은 존 브라운이 용감했으며 옳은 일을 했다고 알고 있었으나 그 이상의 특별함은 찾지 못했습니다. 미세한 차이를 구분하거나 누군가의 관대함을 알아내는 데 익숙하지 않은 그들은 존 브라운의 편지와 연설을 읽고 들었으나 그뿐이었습니다.

그들은 영웅적인 연설을 알아보지 못했고, 언제 불에 타올랐는지도 알지 못했습니다. 그들은 존 브라운이 권능을 가지고 말한다는 것을 알지 못했으며, 법의 집행 여부만 중요할 뿐이었습니다. 그들은 오래된 관습만 기억할 뿐 새로운 계시는 듣지도 보지도 못했습니다.

민주당원은 존 브라운의 말과 지혜 그리고 권위가 법보다 우월하다는 것을 인정하지 않습니다. 이것은 그들을 오히려 돋보이게 하는 시험과도 같습니다. 그들은 의도하지 않았지만 눈먼 사람이나 다름없습니다. 과거나 지금이나 그들이 내세우는 것은 변하지 않습니다. 이에 대해 나는 한 치의 의심도 하지 않습니다. 그들은 역사책과 성경을 읽어왔고, 성경의 뜻을 받아들이거나 받아들인 것처럼 보이지만, 성경을 읽고 양심의 가책을 느낀 것이 아니라 성경 안의 문구를 그대로 받아들일 뿐입니다.

숭고한 일을 했을 때 누가 그것을 알아보고 높이 평가하겠습니까? 숭고한 사람들이 그것을 알아보고 높이 평가합니다. 내 이웃 중 일부가 존 브라운을 평범한 중범죄자라고 말하고 다니는 것은 그리 놀라운 일이 아닙니다. 그들은 돈이 많거나 지위가 높거나 무자비한 사람들입니다. 그들에게 어떤 의미에서도 고상함을 기대하기 어렵습니다. 그들의 내면은 어둡고, 그들 중 더러는 인간이라 할 수도 없습니다. 나는 지금

존 브라운의 아내 메리 데이와 두 딸

분노가 아닌 슬픔을 담아 말하고 있습니다.

내면의 빛에 응답하지 않는 사람이 어떻게 빛을 볼 수 있겠습니까? 그들은 자신의 시야에 보이는 것은 충실하게 믿지만, 그들만의 방식으로 본다면 결국 아무것도 보지 못하는 눈먼 사람이나 다름없습니다. 빛의 자녀들이 그들과 다투는 것은 독수리와 올빼미가 다투는 것과 같습니다. 존 브라운을 탓하는 사람이 어떤 고상한 구절을 반복해서 말하는지 들어보았습니까? 그 사람은 입술이 돌이라도 된 듯 아무 말도 하지 못할 것입니다.

훌륭한 교육을 받았더라도 그들이 모두 기독교인이 될 수 있는 것은 아닙니다. 온건한 의미에서도 그렇습니다. 그것은 성품과 인성의 문제입니다. 기독교인은 여러 번 다시 태어나야 할지도 모릅니다. 나는 기독교인인 척하는 사람들을 많이 알고 있는데, 그들은 척하는 것조차 타고나지 못해 몹시 우스꽝스럽습니다. 이처럼 모든 사람이 자유인이 될 수 있는 것은 아닙니다.

기자들은 존 브라운이 미쳤다고 말하면서도 한동안 조용했고, 결국 그가 미쳤노라며 펜을 들었습니다. 그들이 주장하는 바를 증명하는 유일한 증거는 그가 목숨을 잃었다는 것뿐입니다. 그가 5천 명과 함께 천 명의 노예를 해방하고 백 명이든 2백 명이든 노예주를 죽이고 더 많은 반대자를 사살했다면, 그래서 그가 목숨을 잃지 않았다면 기자들은 아마 그를 더 존경할 만한 이름으로 불렀으리라 나는 굳게 믿습니다.

하지만 존 브라운은 그보다 훨씬 더 큰 성공을 거두었습니다. 그는 북부와 남부에서 수천 명의 노예를 자유롭게 했습니다. 그 기자들은 원칙을 위해 살거나 죽는 것의 가치가 얼마나 크고 위대한지 아무것도 모르는 것 같습니다. 당시 그들은 그를 미쳤다고 했지만, 지금은 아무도 그렇게 생각하지 않습니다.

존 브라운의 놀라운 시도와 행동으로 인한 흥분 속에서도 매사추세츠주 의회는 시민들을 변호하기 위한 그 어떤 조치도 취하지 않았습니다. 시민들은 증인으로 버지니아로 끌려가 노예주 폭도들의 폭력에 노출될 가능성이 있었습니다. 하지만 의회는 주류 대리점 문제에만 골몰하며 '면허 연장'이라는 저급한 농담을 던질 뿐이었습니다. 악령이 그들의 머릿속을 헤집어 점령한 것처럼 보였습니다. 나는 그때 그 어떤 정치가도 전혀 관심을 기울이지 않았으리라 확신합니다. 그들은 때와 상관없이 언제든지 해결할 수 있는 몹시 저속하고 하찮은 문제에만 관심을 두었습니다!

　존 브라운에게 적용할 수 있는 예배의식을 찾기 위해 영국 교회의 전례를 살펴보았고, 그들이 인정한 유일한 순교자가 저명한 사기꾼으로 알려진 찰스 1세라는 것을 발견했습니다. 영국뿐만 아니라 전 세계의 모든 교회가 순교자와 성자로 심은 것은 그가 유일했습니다. 한 세기 이상 동안이나 연례 예배로 그의 순교를 기념하고 있습니다. 이것은 교회를 달리 풍자할 필요도 없는 사례입니다.

　가르침을 받고 싶다면 의회나 교회와 같은 영혼이 없는 단체가 아니라 영감을 주거나 받을 수 있는 곳을 찾아보길 바랍니다.

　그는 감옥에서 월터 롤리 경처럼 세계사를 쓰지 않았습니다. 그는 미국을 다룬 책을 썼는데, 어쩌면 세계사보다 훨씬 더 오래 읽힐지도 모릅니다. 나는 로마나 영국 또는 그 어느 나라의 역사 속에서도 그런 상황에 풍부하고 다양한 어휘를 구사하는 것을 본 적이 없습니다. 그가 그 짧은 시간 동안 얼마나 다양한 주제를 다루었는지! 그가 아내에게 보낸 편지에는 딸들의 교육을 존중한다는 구절이 있습니다. 그 편지는 액자에 넣어져 이 땅에 존재하는 모든 거실에 장식될 자격이 충분합니다. 그의 의미심장한 지혜로움은 벤저민 프랭클린의 《가난한 리처드의 달력》과 비할 만합니다.

보통의 상황이었다면 작가로 유명한 워싱턴 어빙의 죽음은 세간의 관심을 끌었을지도 모르겠습니다. 하지만 이런 일들이 벌어지는 동안 사망한 탓에 그의 죽음은 세간의 관심에서 벗어나고 말았습니다. 그의 죽음은 그의 전기에서밖에는 알 수 없을 것입니다.

작가, 언론인, 그리고 비평가들은 자신들이 문법과 수사학을 공부했기에 글을 쓸 줄 안다고 생각합니다. 하지만 그들은 착각하고 있습니다. 작문은 소총에서 총알을 발사하는 것만큼이나 간단합니다. 걸작은 작품이 나온 뒤에야 무한한 힘을 지닙니다. 제대로 교육받지 못한 존 브라운은 평범하기 그지없는 영어를 구사합니다. 예전에 미국식이라 저속하다고 간주했던 일부 어휘와 구문은 이제 표준어가 되었습니다. 내가 만약 수사학 교수였다면 작문에서 가장 위대한 규칙은 첫 번째도 두 번째도 세 번째도 진실을 말하는 것이라 강조할 것입

뉴욕주 노스 엘바에 소재한 존 브라운의 묘비

니다. 입이 조약돌로 차 있더라도 말입니다. 이를 위해서는 무엇보다 용기와 진심이 필요합니다.

인문교육이라 일컫는 표현은 로마에서 파생된 것으로, 본래 자유 시민에게 합당한 교육을 의미했습니다. 생계를 유지하기 위한 직업교육은 노예들에게만 행해졌습니다. 인문교육에서 조금 힌트를 얻어 한 걸음 나아가겠습니다. 진정한 의미에서 인문교육을 받은 사람들은 부와 여가를 즐기고 예술, 과학, 문학에 전념하는 사람이 아니라 진실하고 자유로운 사람입니다. 미국과 같이 노예제도가 있는 국가가 용인하는 인문교육 같은 것은 있을 수 없으며, 오스트리아와 프랑스의 학자들 역시 아무리 많이 배웠다고 해도 전제정치 아래에서 노예교육을 받은 것에 불과합니다.

존 브라운의 적들이 할 수 있는 일은 아무것도 없었으며, 다만 그의 장점을 더욱 돋보이게 해줄 뿐이었습니다. 상황은 그의 대의에 유리하게 돌아갔습니다. 그들은 그를 한 번에 교수형에 처하지 않았으며 그가 그들을 상대로 설교할 수 있도록 형을 유보했습니다. 그들은 또 다른 큰 실수도 했습니다. 그의 추종자 네 명을 그와 함께 교수형에 처하지 않은 것입니다. 형은 여전히 연기되었으며 그의 승리는 완성형이 되어가고 있었습니다. 그 어떤 연극 연출가도 그의 말과 행동에 효과를 주기 위해 그렇게 현명하게 계획을 세울 수 없을 것입니다. *그가 그렇게 행동할 수 있도록 무대를 만든 사람은 누구입니까?* 누가 감옥과 교수대 사이에 노예 여인과 그녀의 아이를 배치해 그가 그들에게 키스를 보내게 했으며 그를 더욱 돋보이게 했습니까?

그가 이미 알고 있듯이 우리 역시 그가 사면받거나 구원받지 못할 것을 알았습니다. 그렇게 된다면 그가 가진 영혼의 칼은 무장해제될 것이며, 대신 샤프스 소총이라는 물리적인 무기를 그의 손에 다시 쥐여 주는 것이나 마찬가지일 것입니다. 이제 그는 영혼의 칼을 쥐고 있습니다. 그의 칼은 순수한 영혼 그 자체입니다.

어떤 비열한 말도 행동도 없었다
기억에 남을 가치 있는 순간들에
애써 무력함을 꾸미려
악의에 찬 원한으로 신을 부르지도 않았다
몸을 기댄 곳이 안락하기라도 한 듯
가만히 머리를 숙일 뿐

교수대에서 막 형이 내려진 직후 균형 잡힌 채 누워 있던 그의 몸이 꿈틀거렸습니다! 우리는 곧 소식이 필라델피아를 지나 뉴욕에 도착했다는 것을 알았습니다. 유성처럼 남부 지역에서 북부를 향해 연방을 통과한 것입니다. 남부로 들어왔던 차들 가운데 살아 있던 그를 실은 열차만큼 무게가 나가는 것은 없었습니다.

그의 시신이 이송되던 날, 나는 그제야 그가 교수형에 처했다는 사실을 알았습니다. 하지만 그때 나는 그것이 무엇을 의미하는지 몰랐으며 같은 이유로 슬픔을 느끼지 못했습니다. 그의 죽음 후 이틀이 지나서야 들린 소식이었으며, 하루 이틀이 지나도, 아니 며칠이 지나도 그 소식을 믿기 어려웠습니다. 나와 동시대인이라 알려진 모든 이들 가운데 오로지 존 브라운만이 내게는 죽지 않은 유일한 사람입니다.

요즘 나는 브라운이라는 이름은 자주 듣지만 존 브라운다운 사람은 만나지 못했습니다. 특별히 용감하거나 성실한 사람이라면 모르지만, 그 브라운이 존 브라운과 어떤 관련이 있는지 생각하곤 합니다. 나는 매 순간 존 브라운을 만나는데, 그는 그 어느 때보다 생명력이 강해 보였습니다. 그는 그가 묻힌 노스 엘바나 캔자스주에만 머물지 않습니다. 그는 더는 비밀리에 활동할 필요가 없습니다. 그는 이 땅을 비추는 가장 밝은 빛으로 그 어디에나 존재하고 그 어디에나 함께합니다.